AF411279

HISTOIRE

DU PARLEMENT

D'ANGLETERRE.

SECONDE PARTIE.

HISTOIRE
DU PARLEMENT
D'ANGLETERRE.

Par M. l'Abbé R A Y N A L.

Nouvelle Edition, revue, corrigée &
augmentée.

SECONDE PARTIE.

A LONDRES.

M. DCC. LI.

INTRODUCTION

A

L'HISTOIRE

DU PARLEMENT

D'ANGLETERRE.

SECONDE PARTIE.

VII. ÉPOQUE.

Les Communes s'emparent de toute l'Autorité Souveraine sous Charles I. 1648.

LA balance du pouvoir a souvent varié en Angleterre depuis la II. Partie.

A

conquête des Normands ; elle y a été même quelquefois entierement renversée. Les Communes qui de leur aveu en avoient d'abord une portion peu confidérable, en acquirent infenfiblement davantage. La coûtume qui s'introduifit parmi les Nobles de vendre leurs Terres fous le Regne de Henri VII. augmenta confidérablement ce pouvoir : il s'accrut encore plus, lorfqu'au tems du Schifme les Abbayes furent abolies. Alors une partie du Clergé fut ôtée d'un des baffins de la balance, & les Communes qui s'étoient enrichies de leurs pertes furent mifes dans l'autre. Il paffe pour conftant que le pouvoir étoit dans un équilibre parfait entre les deux Chambres vers le milieu du regne d'Elifabeth : mais peu de tems après une secte d'hommes audacieux connus sous le nom de *Puritains*, usurpa les prérogatives des Nobles, insinua les principes d'un Gouvernement Républicain, & introduisit la tyrannie du peuple. Le détail de ces révolutions doit faire une partie des plus intéressantes de cette Histoire.

L'Angleterre étoit à peine consolée de la perte d'Edouard, que la mort de ses deux fils la couvrit d'un nouveau deuil. Le Duc de Glocestre leur tuteur & leur oncle les fit étouffer, & monta sur le Throne dont il les faisoit descendre. Cet Usurpateur, connu dans l'Histoire sous le nom de Richard III. avoit une ame perverse dans un corps mal-fait. Sa physionomie annonçoit tout ce qu'on peut ima-

giner de plus finiftre, & ne déve-
loppoit pas encore la moitié de fa
méchanceté. Son cœur toûjours
fermé à l'humanité, étoit toûjours
ouvert à la perfidie. Il ne ménageoit pas fon fang dans la guerre :
mais il abufoit dè la paix pour ré-
pandre celui de fes ennemis. Sa fé-
rocité & fon ambition furent les
deux fources de fes cruautés ; & il
immola prefqu'autant de victimes
à fon tempérament, qu'à fes intérêts. Ses careffes étoient perfides :
elles annonçoient à ceux qui en
étoient l'objet, une trahifon ou un
affaffinat. Perfonne ne fut en fûreté
fous ce Regne ; parce que ceux qui
auroient pû fe raffûrer fur l'innocence de leurs mœurs, avoient à
craindre l'imagination du Monarque. Il étoit avide du bien d'autrui,

& prodigue du sien. Peu de politiques ont mieux noüé que lui une intrigue ; & perſonne n'en a jamais mieux ſû profiter. Tout parloit en lui ou ſe taiſoit à ſon gré. Jamais on ne lut dans ſes yeux les ſecrets que cachoit ſon ame. Il ne communiquoit ſes projets qu'à ceux dont il ne pouvoit ſe paſſer dans l'exécution ; & jamais l'inſtant de la confiance ne prévint celui de la néceſſité. Il n'abandonnoit rien au haſard dans ſes entrepriſes, ce qui eſt ſouvent un défaut en politique ; & ce ſyſtème nuiſit plus d'une fois à ſes intérêts. Ce fut un monſtre qui eut de grands talens, point de vertus, & tous les vices.

L'horreur d'un tel caractere étonna les Anglois mêmes. Les plus ſages d'entr'eux formerent le difficile

projet de réunir les forces des deux
Roses contre le Tyran. Après bien
des aigreurs & des soins, on réussit
à faire agréer aux Chefs des deux
Partis le mariage d'Elisabeth fille
aînée d'Edouard & héritiere de la
Maison d'Yorck par son pere, avec
le Comte de Richemont héritier
de la Maison de Lancaftre par sa
mere Marguerite de Sommerset.
Richemont, triste & unique reste
d'un sang réprouvé, paffoit dans
l'efclavage, loin de sa Patrie, une
vie que ses ancêtres avoient finie
dans des batailles ou sur l'échaffaut.
Profcrit comme eux, ce jeune Prince s'étoit embarqué pour aller chercher un afyle que l'Angleterre lui
refufoit. La mer le jetta sur les côtes de Bretagne, dont le Souverain, gagné par des préfens, ou in-

timidé par des menaces, le rete-
noit depuis dix - sept ans dans les
fers. Richemont fut assez heureux
pour briser sa prison, dans le tems
même que les vœux de sa Nation
l'appelloient au Throne; & que les
soins, les risques mêmes de ses amis
lui en applanissoient le chemin. Il
les joignit avec un secours de quatre mille Normands, que lui avoit
accordé la France ; & il marcha
sans tarder à Richard.

La bataille commença au lever
du soleil. Elle paroissoit tourner
favorablement pour le Roi, plus
grand homme de guerre que son
rival, lorsque la trahison de plusieurs des siens, & un secours con-
sidérable qui arriva au Comte, firent changer le sort du combat.
Richard pouvoit se retirer sans hon-

te ; il n'avoit manqué à rien de ce qu'un grand Capitaine pouvoit faire : mais il méprisa ceux qui le lui conseilloient. Sa valeur redoubla avec le péril. Il porta l'indifférence pour la vie, aussi loin qu'elle pouvoit aller. Il ne succomba, qu'après avoir fait des efforts, dont on est fâché de trouver un si méchant homme capable.

La mort du Tyran occasionna la fuite de quelques-uns de ses Partisans , & la soûmission du grand nombre. Richemont les reçut avec bonté, & leur permit de se ranger sous ses étendarts. Les vaincus & les vainqueurs ne composerent plus dès-lors qu'une même armée. Les Anglois des deux partis oublierent qu'ils avoient été ennemis ; ils se souvinrent seulement qu'ils étoient Anglois. L'amour de la Patrie prit dans tous les cœurs la place des fureurs civiles. D'une voix unanime, on proclama Richemont Roi d'Angleterre, sous le nom de Henri VII. & on lui attacha la Couronne de Richard, qui avoit éte trouvée parmi les dépouilles.

Tandis que la Nation se livroit aux douceurs d'une joie, qu'elle n'avoit pas éprouvée depuis long-tems, qu'elle n'avoit osé même espérer, Henri examinoit avec ses Confidens, à quel titre il lui convenoit de régner. Il avoit par lui-même les droits de la Maison de Lancastre ; son mariage lui donnoit ceux de la Maison d'Yorck ; & ses succès lui facilitoient celui de conquête.

De ces titres, le premier étoit appuyé par tous les Partisans de la Maison de Lancastre. Ils soûtenoient que les trois Princes de cette branche qui avoient régné successivement lui avoient acquis des droits si constans qu'on ne pouvoit les révoquer en doute sans injustice. Que la prescription regardoit les Couronnes comme les biens des Particuliers, & que tous les Monarques seroient chancelans sur leur Throne, si pour justifier leur possession ils étoient obligés de remonter aux droits primitifs. Que Henri VI. avoit pû être dépouillé par Edouard sans qu'on en pût tirer de fâcheuses conséquences pour ses descendans, parce que le bonheur d'un rebelle ne justifioit pas la rebellion. Que les Actes du Parlement contre la Maifon de Lancaftre n'avoient point de force, parce qu'il n'étoit point libre quand il les avoit faits, qu'il n'avoit point d'autorité dans ces matieres, & qu'il étoit tombé dans des contradictions honteufes à cette occafion. Qu'il étoit inutile d'avoir recours à la Princeffe Elifabeth, puifque Henri étoit reconnu pour légitime Roi d'Angleterre, quoiqu'il ne l'eût pas encore époufée, & qu'elle ne lui eût pas apporté des droits qui ne pouvoient fe communiquer que par le mariage. On prétendit enfin que la promeffe qu'avoit faite Henri de reconnoître les droits de la Maifon d'Yorck étoit nulle, & parce qu'en l'exigeant on s'étoit trop prévalu de la trifte fituation où il fe trouvoit, & parce

qu'il étoit inoui qu'un Prince qui
pouvoit régner par lui-même, &
qui régnoit effectivement, fût obligé de reconnoître qu'il tenoit d'autrui le droit de régner. L'ufurpation de la Maifon de Lancaftre étoit
trop récente & trop connue pour
que ces raifonnemens fiffent une
grande impreffion.

Les droits de la Maifon d'Yorck
étoient mieux fondés & plus agréables aux peuples : mais il étoit dangereux de les faire valoir. Si Henri
reconnoiffoit une fois qu'il tenoit
la Couronne de fon époufe, a proprement parler il n'étoit pas Roi,
mais feulement mari de la Reine :
fi cette Princeffe venoit à mourir
fans enfans, il reftoit fans titre &
pouvoit être déthroné au premier
mécontentement ; fi elle en avoit,

le Throne leur appartenoit, & ils
pouvoient forcer leur pere à rentrer dans la vie privée, & le réduire à être leur premier Sujet. On
pouvoit, il eſt vrai, remédier à une
partie de ces inconvéniens, en
confondant les droits des deux
branches : mais cet expédient ne finiſſoit pas toutes les conteſtations :
Eliſabeth pouvoit toûjours mourir
ſans poſtérité, ou Henri en laiſſer
d'un ſecond mariage : en ce cas les
vieilles querelles n'étoient qu'aſſoupies , & elles pouvoient aiſément diviſer de nouveau la Nation.

Il reſtoit un troiſieme parti à prendre, mais qui étoit extrème : c'é-
toit celui de régner par droit de
conquête. Stamley qui avoit eu
plus de part à la révolution que

perſonne , appuyoit cette idée de tout ſon crédit. Comme il étoit naturellement audacieux , il ne craignit pas de paſſer pour auteur d'une opinion ſi violente , & il dit publiquement au Roi :

Il y a plus de prudence que de courage dans les Conſeils qu'on vous donne, Grand Prince. Vous venez de faire tomber la Couronne de deſſus la téte d'un uſurpateur , & vous avez droit de la mettre ſur la vôtre, aux condiuions qu'il vous plaira d'impoſer. Guillaume Premier dont la conquête avoit tant de rapport avec la vôtre , donna ſes lois à l'Angleterre ; ce Héros & la Nation s'en trouverent bien. Les Privileges dont triomphe le Parlement, le Parlement lui-méme, ſont des uſurpations, qu'il eſt de votre gloire d'aneantir ou de modifier. L'An-

gleterre, l'Etat le plus Monarchique de l'Europe, a dégénéré en République, par l'audace d'une Assemblée, dont vous-même, vous avez éprouvé les fureurs. Les Peuples ont abusé des conjonctures, pour ruiner l'autorité Souveraine : Pourquoi des Souverains n'auroient-ils pas droit de s'en prévaloir pour la recouvrer ? Un Roi véritablement Roi doit rendre au Throne toute la majesté, que de foibles Monarques lui ont laissé ravir. Le Sceptre ne peut être affermi dans vos mains, ni la tranquillité assûrée dans l'Etat, que par ces précautions salutaires. Etouffez mille petits tyrans, & donnez-nous un Roi bon, un Roi sage, un Roi pacifique.

La rumeur, qu'excita l'avis de Stamley, ôta au Roi le courage de le suivre. Ce Prince n'osa jamais hafarder une démarche qui pouvoit le précipiter du Throne auffi aifé- ment que l'y affermir. Il aima mieux partager fon autorité avec le Par- lement, que de flotter entre l'ef- pérance & la crainte de l'acquérir, ou de la perdre toute entiere. Cette raifon le détermina à fe contenter de l'autorité dont fes prédécefleurs avoient joüi, & il préféra de la pof- féder en vertu des droits de la branche de Lancaftre. Comme le Throne fur lequel il montoit étoit gliffant, il forma pour s'y mainte- nir le plan d'un Gouvernement tout-à-fait oppofé à celui du der- nier Prince de fa Maifon qui en avoit été chaffé.

Henri VI. n'avoit pas craint de fe laiffer voir tel qu'il étoit, foible & borné : Henri VII. compta pour

peu

peu d'être sage s'il ne réussissoit à le paroître ; c'étoit une de ses maximes que la réputation des Princes contribue plus que tout autre chose à la gloire & au bonheur de leur Regne. Le premier s'étoit exposé au mépris de ses Peuples pour éviter leur haine ; dans la crainte de paroître fier, il s'étoit abaissé à une familiarité indécente : le second releva la dignité du Throne par un maintien grave & majestueux, par l'institution d'une Garde pour sa Personne, par la magnificence de sa table, de ses meubles, de ses équipages. L'un avoit toûjours été esclave de la Reine & des Ministres ; il n'avoit vû que par leurs yeux & agi que par leurs impressions : l'autre poussa la jalousie de l'autorité jusqu'à écarter tout-à-fait des affaires la Princeſſe ſa mere à qui il devoit ſon élévation, & à faire à ſon Conſeil un myſtere de toutes les négociations qu'il entretenoit. Celui-là n'avoit jamais étudié le ſiſtème politique de l'Europe ; l'ignorance où il vivoit des intérêts des Princes lui avoit fait perdre les conquêtes d'outre-mer qui avoient coûté tant de ſang & de travaux aux Anglois : celui-ci faiſoit voyager les ſages de ſon Royaume pour être inſtruit à leur retour des mœurs, du gouvernement, des vûes des Peuples qu'ils auroient vûs ; il avoit lui-même un talent ſingulier pour pénétrer le ſecret des Etrangers que la curioſité conduiſoit dans ſes Etats, ſans leur découvrir jamais le ſien. Henri VI. avoit paru brave, mais ſa valeur étoit plutôt celle d'un avanturier que d'un grand Prince ; foit que fa ſtupidité lui ôta la connoiſſance du péril, ou que le cœur l'emportât chez lui fur le jugement ; il s'étoit trop expoſé & avoit été fait priſonnier dans pluſieurs batailles. Henri VII. crut que dans le commandement des armées un Général devoit plus agir de la tête que du bras ; cette conduite le fit ſoupçonner de poltronerie par les Anglois qui étoient accoûtumés à voir leurs Rois combattre à leur tête à peu près comme de ſimples ſoldats : mais il n'en ſuivit pas moins ſa maxime & fit toûjours la guerre avec ſuccès.

Les procédés des deux Rois à l'égard du Parlement furent auſſi différens que le reſte de leur caractere ; l'un en fut toûjours le joüet, & l'autre avec le tems en devint le maître. Pour arriver à ce but que Henri VII. s'étoit propofé dès le commencement de fon regne, ce Prince donna tous fes foins à empêcher qu'on ne députât à cette Affemblée que des perfonnes dévoüées à fes intérêts. Lorfqu'il fut parvenu à fe rendre abfolument maître des élections, il ne craignit point d'affembler fouvent le Parlement, convaincu qu'il ne pouvoit rien faire de plus agréable à la Nation, ni la mieux convaincre qu'il vouloit régner felon la Juftice & felon les Lois. Cependant comme il eût été poffible qu'il fe fût tramé dans ces Affemblées des complots funeftes à l'autorité Royale, il étoit très-exact à en borner extrèmement la durée. Il arrivoit de-là que les deux Chambres étoient toûjours occupées, n'avoient pas le tems de penser à autre chose qu'à ce qu'il plaisoit au Roi de leur proposer. L'expérience a fait connoître depuis la sagesse de ces arrangemens. Plusieurs de ses successeurs ont éprouvé des revers terribles pour avoir négligé d'assembler le Parlement, ou pour l'avoir laissé durer trop long-tems. Il y a des maximes pour le Gouvernement qui ont des liaisons nécessaires, & qu'il est également dangereux d'omettre ou de pratiquer séparément.

Henri imagina encore un moyen qu'il crut propre à le rendre indépendant du Parlement. Avant que ses droits ou ses succès lui eussent donné la Couronne, les Seigneurs

étoient seuls maîtres, seuls proprié-
taires des terres. C'étoient comme
autant de Souverains, qui tenoient
leurs Cours séparées dans les Provinces, & qui y exerçoient leur do-
mination ou leur tyrannie. La loi
leur défendoit d'aliéner leurs Do-
maines, & de vendre leurs Fiefs.
Cette loi avoit toûjours été inviolablement observée. Les Communes étoient leurs Vassaux. Ils étoient
obligés de prendre les armes par
leurs ordres, de servir à la guerre
sous leur conduite, & de paroître
à leur suite dans toutes les occasions publiques.

Henri, pour affoiblir le pouvoir
des Grands, qui par le secours de
leurs esclaves balançoient l'autorité Royale depuis trop long-tems,
fit proposer sous main dans le Par-

lement un Acte, qui permit aux Seigneurs d'aliéner leurs terres en faveur de qui ils voudroient. Les Pairs amollis par le luxe & ruinés par les guerres civiles, goûterent une ouverture si favorable à leur cœur & à leur situation. L'argent immense qu'on leur offroit de leurs Fiefs, leur fit sacrifier leurs plus précieux intérêts. Ils ne s'apperçurent pas, ou ne voulurent pas s'appercevoir, que cet arrangement, qui leur étoit si agréable, deviendroit funeste à leurs descendans. Ils manquerent de lumieres; mais le Roi en manqua comme eux. Cette innovation, en élevant extrèmement les Communes, est devenue par degrés la ruine du pouvoir Royal & de l'Aristocratique.

La conduite de Henri en cette

occafion & en plufieurs autres , me feroit pancher à croire avec quelques Hiftoriens, que ce Prince ne fut pas un politique du premier ordre. Il avoit du bon fens : mais il manquoit de génie. Son jugement étoit net : mais fon imagination froide. Il avoit le coup d'œil in-faillible : mais il ne l'avoit pas perçant. Il faififfoit bien les conféquences : mais les grands, les premiers principes lui échappoient. Il réuffit dans tous fes projets : mais fes en-treprifes portoient empreinte la médiocrité de fon caractere. S'il n'eut pas la pénétration néceffaire pour prévenir les conjurations ; il eut une fageffe & une valeur fuffifantes pour les diffiper. Sans paroître ja-loux de fon autorité, il gouverna feul : une application forte & con-

tinuelle lui tenoit lieu de facilité
& de génie. Tout ce qu'il y avoit
d'Anglois éclairés travailloit pour
fa gloire, fans qu'ils s'en doutaf-
fent. Ils les confultoit ; mais il avoit
le fecret de paroître recevoir leurs
lumieres, plutôt par eftime ou par
modeftie, que par befoin. Son air
myftérieux fervit admirablement à
couvrir la lenteur de fes réflexions,
& à lui donner une réputation de
fineffe, dont on prétendoit découvrir les refforts fecrets jufques dans
les évenemens les plus indifférens,
ou même dans les fautes qui lui
échappoient. Par un contrafte affez
fingulier, il fut à la fois avare &
magnifique ; & fa politique tira
parti de ces deux paffions, ou de
ces deux goûts : par l'un il impo-
foit, & l'autre lui fourniffoit des

thréfors qui le mettoient en état de fe faire craindre. La nature ne l'avoit pas deftiné à être un grand homme : mais il le parut, & ne fut peut-être pas loin de le devenir

Avec moins de talens & plus de vices, Henri VIII. fon fils & fon fucceffeur régna plus paifiblement, plus abfolument. Ce Prince dut l'autorité affez étendue qu'il exerça, à un évenement malheureufement célebre, qui dans un autre fiecle ou fous un autre climat l'auroit perdu fans reffource. Il infpira du refpeét pour le Throne à fon Parlement, en lui donnant du mépris pour la Thiare. Il refferra les liens qui lui uniffoient fes Sujets, en brifant ceux qui les tenoient attachés à Rome. Les Anglois trouverent plus beau, ou feulement plus singulier, d'être les arbitres de la Religion que de l'Etat ; & ils se livrerent à ce changement de scene, avec une fureur qui n'est pas d'un peuple philosophe, mais qui étoit favorable aux desseins de Henri.

Ce Monarque portoit impatiemment le joug qui l'unissoit à Catherine d'Arragon Veuve de son frere. Cette Princesse n'étoit pas née avec le talent de plaire, & ce qui est plus rare dans les personnes de son sexe, elle n'en avoit jamais eu le desir. On la trouvoit déplacée partout : sur le Throne, parce qu'elle manquoit de dignité : au milieu de sa Cour, parce qu'elle y portoit un air étranger & ennuyé : dans sa Famille, parce qu'elle n'en savoit pas bannir la contrainte & la défiance : parmi les fêtes & les plai-

firs, parce qu'elle les regardoit pré-
cifément comme des devoirs & des
cérémonies. Elle étoit raifonnable,
mais trifte ; vertueufe , mais défa-
gréable ; vraie , mais inquiete : le
rang qu'elle occupoit ne la flattoit
point, & elle fe fût mieux accom-
modée d'un Cloître que d'une
Couronne.

Le dégoût que Henri avoit depuis long-tems pour la Reine, fut
augmenté par la paffion qu'il con-
çut pour Anne de Boulen. Cette
femme dont les aventures forment
une des époques les plus remar-
quables de l'Hiftoire d'Angleterre
avoit plus de graces que de beauté,
plus d'enjoüement que d'efprit ,
plus de coqueterie que de fentiment : elle ne fut chafte que quand
elle fut ambitieufe ; fi elle réuffit à

plaire, ce n'eſt qu'en renonçant à ſe faire eſtimer; ſa vie commença par une foibleſſe adroite qui l'a portée au Throne, & elle finit par une incontinence outrée qui la conduiſit ſur un échaffaut.

Une vieille femme qui avoit de l'humeur ne pouvoit pas balancer une jeune Maîtreſſe qui avoit du manége. Anne de Boulen avoit toute la tendreſſe du Roi : Catherine d'Arragon étoit privée même des attentions les plus froides. On convient pourtant aſſez généralement que des jalouſies & des aigreurs auroient été les ſeules ſuites de cette averſion & de cet amour, ſi Wolſey n'avoit eu intérêt à pouſſer les choſes beaucoup plus loin.

Ce Miniſtre étoit d'une naiſſance baſſe, mais d'un génie élevé. Si

des mœurs dépravées commencerent fa fortune , il l'augmenta par
beaucoup d'audace & d'habileté. Il
fe fervit de la confiance des Grands
qu'il avoit gagnée pour s'avancer ,
& de la connoiffance qu'il avoit
de leur politique pour les détruire.
Heureux à pénétrer les hommes &
les chofes , il fe rendit abfolu en
flattant les paffions de fon Maître ,
& en donnant un grand éclat aux
affaires. Quoiqu'il eut révolté fes
Protecteurs par fon ingratitude ,
les Courtifans par fon orgueil , le
Peuple par fa tyrannie , le Parlement par fes prétenfions, le Clergé
par fon avarice, les honnêtes gens
par fes défordres , toute l'Europe
par fon ambition , il ne perdoit rien
de fon afcendant fur l'efprit de
Henri : attentif à fatisfaire les goûts

du Prince par les plaisirs qu'il lui ménageoit, à étonner son courage par les entreprises hardies où il l'engageoit, à contenter sa vanité par le rôle brillant qu'il lui faisoit joüer, Wolsey joüit long-tems du pouvoir suprème. Quoique ses projets eussent de la grandeur, & qu'ils parussent communément compliqués, ils les faisoit réussir par des moyens simples & faciles. Il montra un talent égal pour préparer les évenemens & pour profiter de ceux que le hasard lui présentoit. Son caractere ne fut pas aussi bon que sa politique : il étoit né jaloux, inquiet, soupçonneux & vindicatif: son ressentiment qui étoit extrème alluma un incendie qui n'est pas encore éteint.

L'ambitieux Cardinal avoit osé

aspirer long-tems au Throne Pontifical. Charles - Quint pour se le rendre favorable s'étoit engagé à favoriser ses vûes, lorsque le tems en seroit venu. Le saint Siég vaqua deux fois ; & l'Empereur loin de penser à remplir ses engagemens, appuya d'autres intérêts. Wolsey rompit aussi-tôt le lien qu'il avoit formé entre ce Prince & son Maître ; & il réunit les forces de l'Angleterre & de la France pour accabler s'il étoit possible son ennemi. Il imagina peu après un autre genre de vengeance qu'il crut plus propre à humilier Charles-Quint ; ce fut le divorce de Henri avec la Reine Catherine tante de cet Empereur. Ce Ministre hardi & entreprenant se flatta faussement, ou qu'il feroit réussir cette grande

affaire

affaire à Rome par le crédit im-
menfe qu'il y avoit, ou qu'il en
feroit perdre au Roi la penfée auffi
aifément qu'il la lui auroit fait naître.

La Cour de Rome, où cette grande caufe fut d'abord plaidée, avoit
alors pour Chef Clement VII. de
la Maifon de Médicis. Ce Pontife
réduifit malheureufement en négociation, une affaire, où il ne falloit
que les lumieres du Saint Efprit; il
voulut être politique, où il ne s'a-
giffoit que d'être Chrétien. La crainte d'offenfer Charles-Quint & fes
amis, s'il confentoit à la diffolution
du mariage; l'inconvénient d'aigrir
Henri & fes Alliés, s'il n'y confentoit pas; les avantages de fa Maifon, dont le fort dépendoit de
l'Empereur; les intérêts du Saint

Siége , qui exigeoient de grands ménagemens pour l'Angleterre ; sur-tout le caractere irréfolu de Clément , qui avoit paffé fa vie à vouloir & à ne vouloir pas, à lever des armées & à les congédier, à faire des alliances & à les rompre : tout cela forma un grand nombre d'intrigues , qui , bien loin de fe dénoüer , fe multiplioient & s'embrouilloient tous les jours.

L'amour , & fur - tout l'amour d'un Souverain , ne s'accommode pas des lenteurs de la Cour de Rome. Henri chercha dans fes Etats des facilités qu'il n'avoit pas trouvées chez les Etrangers. Cranmer, Archevêque de Cantorberi, prononça la Sentence de divorce , que le Pape avoit toûjours différée fous divers prétextes ; & Anne monta fierement fur un Throne , dont on força Catherine à defcendre après vingt-deux ans de regne.

Charles-Quint que les Efpagnols comparent fouvent à Salomon pour la fageffe , à Céfar pour la valeur , à Augufte pour la fortune, ne fe diffimula pas, qu'on n'avoit dégradé fa tante que pour l'outrager lui-même. Il fentit cet affront en Prince qui n'étoit pas accoûtumé à en recevoir. Toute l'Europe entendit fes plaintes ; & Rome fe chargea de les juftifier. Cette Cour, dont la circonfpection eft connue & admirée de toute la terre , s'éloigna de fes maximes en cette occafion. Après avoir été trop lente , lorfqu'il s'agiffoit de faire grace , elle fe montra précipitée , lorfqu'il fut queftion de lancer la foudre. En ſe hâtant de fulminer la Sentence d'excommunication, Clement s'aſ- ſûra la réputation de Pontife imprudent ; & Henri, en la mépriſant, la réputation d'un Prince ſans Religion.

Malheureuſement pour l'Angleterre, l'exemple du Roi y fut plus contagieux qu'il n'a accoûtumé de l'être. Le Parlement abandonna la véritable Religion avec une facilité, qu'on ne lui a pas trouvée pour lui faire quitter la mauvaiſe. Tous ceux que l'autorité de ce grand Corps n'entraîna pas, porterent leur tête ſur un échaffaut ; & par un évenement, qui n'eſt pas à l'honneur de la conſtance Angloiſe, le nombre de ces ames fermes ſe trouva moins grand, qu'il ne l'a été dans de ſemblables occasions chez tous les autres peuples.

Il falloit flater l'indépendance des Anglois par un aussi grand objet que l'étoit un schisme, pour fixer le Parlement, de tout tems si inquiet, dans les intérêts d'un Prince, dont le caractere propre étoit l'inconstance. Henri fut inconstant dans ses amours: six Reines partagerent successivement sa couche. La répudiation fut le partage de deux; & deux laisserent leur Couronne sur un échaffaut; les autres employerent des jours malheureux à craindre l'un, & peut-être à souhaiter l'autre. Inconstant dans ses projets, il médita successivement la ruine de la France, l'abaissement de l'Espagne, l'élévation de l'Angleterre: il auroit pû tout cela;

mais il fe contenta de le fouhaiter ; ou tout au plus de le commencer. Inconftant dans fes alliances , tantôt il fe déclara pour Charles-Quint, tantôt pour François I. & quelquefois il refta neutre. Il aimoit la franchife de l'un , il déteftoit la fineffe de l'autre ; & par une bifarrerie tout-à-fait contraire à fes intérêts , il fut plus fouvent & plus long-tems allié du premier que du fecond. Inconftant dans fes amitiés , fes Miniftres , fes Favoris eurent tous une fin tragique : Wolfey , peut-être le plus grand politique , & certainement le plus méchant homme de fon fiecle , échappa au bourreau , mais il n'évita pas la difgrace. Inconftant dans fes goûts , il écrivit contre Luther & agit contre le Pape ; il mérita le titre de défenfeur de la foi, & celui de perfécuteur de l'Eglife ; il reçut des brefs & des excommunications de Rome : Sa vie fut un tiffu de contradictions. Il ne fut conftant que dans fes fureurs. De fon propre aveu, il n'épargna aucune femme dans fa paffion, ni aucun homme dans fa colere ; & felon l'expreffion d'un célebre Anglois : *Si tous les portraits d'un Prince impitoyable, qui font dans le monde venoient à fe perdre, on pourroit les peindre tous une feconde fois au naturel, en tirant leurs traits fur la vie de Henri V I I I.*

Edouard fon fils ne fit que paroître fur la fcene ; il n'y joüa point de rôle ; on conjecture pourtant qu'il auroit bien repréfenté. Les Proteftans le regardoient déja comme leur Apôtre ; & les Catholiques

comme un Fanatique, qui éprou-
veroit quelque jour leur foi. Les
Religions fe multiplierent fi fort en
Angleterre durant fon regne, que
les gens fages en furent alarmés.
On trouvoit dangereux de les permettre toutes, & plus dangereux
encore de les opprimer. Le Parlement imagina de prendre quelque
chofe de toutes ces feĉtes pour n'en
indifpofer aucune, & d'en compofer un fymbole qui forma précifé-
ment la Religion Anglicane. Quelques Hiftoriens ont trouvé dans
cet Aĉte la preuve d'une averfion
générale pour le culte autorifé par
Rome. Il feroit, je crois, plus fenfé
de dire que les Miniftres d'Edouard
étoient indifpofés contre le faint
Siége, ou qu'ils avoient d'autres
fentimens. La Cour en faifant élire

des Députés dont elle foit fûre ; ou en les gagnant quand ils font élûs, obtient tous les jours des deux Chambres des chofes tout-à-fait odieufes à la Nation. Marie ne fit-elle pas rétablir la Religion Catholique par la même autorité qui l'avoit détruite fous fon prédéceffeur? Je n'imagine pas que perfonne puiffe foupçonner l'Angleterre entiere d'avoir changé de Religion en fi peu de tems ; il faut donc que fous l'un ou l'autre de ces deux Regnes le Parlement ait agi contre la volonté & les fentimens des peuples. Ce vafte Corps eft une efpece de *Prothée* qui change tous les jours de parti ; il s'accommode avec une facilité finguliere au tems & aux circonftances : une efpece d'habitude l'empêche de fentir la honte des contradictions. Il est dans l'équilibre ; c'est à l'adresse du Monarque qui regne, de le faire pencher du côté qu'il veut.

Edouard ne fut pas assez long-tems sur le Throne pour éprouver dans d'autres circonstances que celle que je viens de dire, les maximes de son Parlément. Ce Prince ne vécut que seize ans. Durant une vie si courte, il ne put que laisser entrevoir du goût pour la vertu, & du talent pour les affaires : mais il eut le tems de flétrir son Regne par une injustice, que les insinuations d'un Ministre ambitieux, & le goût de la réforme lui arracherent. Il écarta Marie & Elisabeth ses deux sœurs du Throne ; & y appella Jeanne Gray sa cousine.

Cette jeune personne, dont les

Lettres avoient altéré la foi, poli
l'efprit, formé le cœur, élevé les
fentimens, témoigna la répugnance la plus décidée & la plus fincere
pour le perfonnage qu'on la pref-
foit de repréfenter. Elle avoit trop
de lumieres, pour ne pas voir que
le fceptre qu'on lui offroit, ne lui
appartenoit point ; trop de droiture, pour acheter fon élévation par
une injuftice ; trop d'humanité ,
pour chercher à profiter du malheur d'autrui ; trop de politique,
pour ne pas fentir que le rôle qu'on
lui offroit feroit ridicule & court;
trop de Philofophie même , pour
facrifier la tranquillité de fa condition à l'éclat embarraffant du
Diadème. L'obftination de fes pa-
rens triompha à la fin de fa réfif-
tance. Elle paya de tout fon fang

une Royauté forcée de neuf jours ;
& mourut plus glorieufement fur
un échaffaut, que Marie ne vivoit
fur le Throne.

La nouvelle Reine avoit confer-
vé la foi dans un Royaume qui l'a-
voit perdue. Pour l'y rétablir fans
oppofition, elle époufa Philippe
fils de Charles-Quint. Les deux
époux travaillerent à ce grand ouvrage avec toute la hauteur, toute
la dureté, toute l'inflexibilité de
leur caractere. On employa pour
ramener les Anglois à l'unité, des
voies auffi fanguinaires, qu'Henri
VIII. en avoit mifes en ufage pour
les en éloigner. Une Religion de
douceur s'arma du glaive. La def-
truction des Proteftans parut plus
avancée, & même plus défirée que
leur converfion. Le projet étoit

arrêté d'obtenir par la précipitation, par la violence, par l'autorité,
ce qui devoit être l'ouvrage de la
charité, de la patience & du zele.

Le Parlement accablé, pour ainsi
dire, de toute la réputation, de toute la puissance, de tout l'orgueil du
Monarque Espagnol, étudioit les
volontés de la Reine, & se prêtoit
par foiblesse à des arrangemens, où
il auroit dû entrer par Religion. Il
consentit à la réunion de l'Angleterre avec le Saint Siége; & ce qui
n'est pas digne d'éloge, il signa
l'Arrêt de mort de tous ceux qui s'y
opposoient. Une complaisance si
aveugle retardoit la perte de ce
grand Corps qu'on avoit jurée; une
autre cause rendit inutiles les arrangemens qu'on avoit pris pour y
réussir.

Lorſque Philippe épouſa Marie, elle étoit d'une figure déſagréable, d'un âge avancé, d'une ſanté foible, d'une humeur inquiete. L'ambitieux Eſpagnol ſacrifia ſes dégoûts au deſir d'ajoûter une riche Couronne à tant de vaſtes Etats, dont il devoit bientôt hériter. La ſtérilité de la Reine confondit ces vûes, & mit fin aux complaiſances d'un époux intéreſſé, qui venoit d'ailleurs de ſe revêtir de l'immenſe dépouille de Charles - Quint. Dès-lors le Conſeil de Madrid n'influa plus que foiblement dans les réſolutions qu'on prenoit à la Cour de Londres.

Marie craignit de marquer trop d'amour à un Prince qui la mépriſoit, en lui ſacrifiant ſon Parlement, ou de courir trop de riſque, en baſardant une démarche qui peut-être ne ſeroit pas ſoûtenue. Elle étoit agitée de ces penſées, lorſque ſa mort plaça ſur le Throne la plus grande Princeſſe, qui y ſoit peut-être jamais montée.

Eliſabeth, que l'admiration univerſelle a placée au-deſſus de la critique, je dirois preſque de l'éloge, prenoit les rênes d'un Empire agité, dont mille ennemis tous redoutables & tous dangereux avoient médité la ruine : un Philippe ſecond, dont la politique inquiete & profonde ſavoit faire des traîtres dans tous les Conſeils des Princes, & ſuſciter des partis dans tous les Etats : un Duc d'Albe, l'appui de ſon Maître par ſes victoires, & le deſtructeur de la ſociété par ſes cruautés : un Duc de Parme, qui

joignoit aux rufes Italiennes l'avantage du phlegme Efpagnol : une
Catherine de Medicis qui préféroit
d'achever par un crime ce qu'elle
auroit pû auffi facilement empor-
ter par une vertu : un Duc de Gui-
fe, que le bonheur de réuffir à tout
rendoit hardi à tout entreprendre :
un Sixte-Quint, qui comptoit pour
rien de dominer, s'il ne fouloit à
fes piés des Couronnes : une Marie
Stuart, dont les malheurs ont été fi
grands, qu'ils ont plutôt obfcurci
que relevé l'éclat de fes belles qualité. Quelques Ecrivains paffionnés
ajoûtent la Société des Jefuites,
qu'ils appellent calomnieufement
une épée nue, dont la poignée eft toû-
jours à Rome.

Après tout, Elifabeth voyoit autour de fon Throne des écueils plus
dangereux

dangereux encore que les orages qui la menaçoient au loin. Les Catholiques qui soupçonnoient sa croyance, quoiqu'elle fît encore profession de leur Religion, paroissoient disposés à lui contester une Couronne, qui dans leurs principes ne lui appartenoit pas, puisque l'union d'Henri avec Anne de Boulen n'étoit qu'un concubinage. Les novateurs, que la persécution avoit unis trop étroitement, étoient résolus à dominer, ou à s'ensevelir sous les ruines du Throne. Les Irlandois esclaves de la Cour de Rome, & Pensionnaires de celle de Madrid, épousoient aveuglément les fureurs de ces deux Couronnes. Les Grands formoient tous des prétensions, ou pour gouverner la Reine, oupour l'épouser, ou pour

Partie II.   D

la détruire. Le Parlement étoit d'autant plus avide d'autorité, qu'il y avoit long tems qu'il n'en avoit eû.

La Reine vit tous ces écueils ; & les évita par de ces grands coups de politique, qui font un fpectacle rare fur la fcene du monde, parce qu'il n'eft pas commun d'y voir des Acteurs du caractere d'Elifabeth. On eft étonné encore aujourd'hui comment une jeune Princeffe fans expérience, fans amis, fans confeil, fans un droit trop décidé au Throne, a pû régner avec plus de dignité, d'autorité, de tranquillité qu'aucun Monarque qui portât alors la Couronne. Tandis que l'Europe entiere étoit en proie aux divifions domeftiques, aux guerres étrangeres, aux factions, aux poi-

fons , à la mifere , aux affaffinats ;
à toutes les horreurs, qui rendront
le feizieme fiecle odieux & célebre ;
l'Angleterre voyoit fon commerce
s'étendre , fes lois s'affermir, fa po-
lice fe perfectionner. L'Hiftoire doit
recueillir avec foin les principes fu-
blimes d'une adminiftration fi parfaite.

Elifabeth, fans que le Parlement
y ait eû d'autre part que de faire
exécuter fes ordres, vint à bout de
donner ce grand fpectacle à la terre , par une modération judicieufe,
qui lui fit méprifer fagement la
brillante folie des conquêtes ; par
une noble jaloufie du pouvoir fuprème, qu'elle fut également maintenir par l'infinuation & par la force ; par des principes fixes & inva-
riables de gouvernement, dont rien

ne fut jamais capable de la faire
écarter : par une attention fcrupu-
leufe à réprimer les abus naiffans,
ou à les refferrer dans les bornes
précifes qu'exigeoit la politique ;
par une dextérité finguliere à mé-
nager les occafions, qu'elle ne perdit jamais, ou faute de diligence
ou par trop de précipitation ; par
le talent équivoque, & qu'on peut
loüer & blâmer, de faire naître des
haines, d'éternifer des difcordes
parmi fes ennemis ; par le choix
toûjours décent, toûjours éclairé,
toûjours utile de fes Miniftres, de
fes Généraux, de fes Favoris mêmes. A ces grands talens, Elifabeth ajoûta l'apparence des vertus
folides & éclatantes, qui font l'or-
nement & l'appui du Throne.
Quoique fouverainement ambi-

tieuſe, elle parut déſintéreſſée ; zé-
léc pour la Religion Anglicane ,
quoique indifférente pour tous les
cultes ; paſſionnée pour le bonheur
de ſes Sujets, quoique idolatre ſeulement de ſa propre gloire ; plei-
ne de franchiſe & de probité, quoique peu ſcrupuleuſe dans les affaires. Elle unit les petites vanités de
femme avec les grands ſentimens
des Héros, les ridicules d'un ſexe
avec le travail de l'autre , beaucoup de défauts d'un Particulier
avec toutes les qualités d'un Souverain parfait. Pour être jugée comme il faut, Eliſabeth ne le doit être
que par des hommes d'Etat, des
Miniſtres & des Rois.

Jacques Roi d'Ecoſſe , qui lui
ſuccéda, monta par un chemin ſe-
mé de fleurs ſur un Throne, où l'on

n'arrivoit gueres que par des flots
de fang & par des cabales. Quoique étranger, & Chef d'une Nation abhorrée en Angleterre, il fut
reçû avec des tranfports fi marqués
de joie; fon arrivée excita des ac-
clamations fi univerfelles & fi vives, qu'un Ecoffois de fa fuite ne
put s'empêcher de dire, que les
Anglois étoient capables de gâter
un bon Roi. Des fentimens fi ten-
dres, fi refpectueux n'étoient pas
naturels à la Nation qui les avoit;
ils durerent peu; & il eft plus éton-
nant que le Roi Jacques les ait fait
naître, qu'il n'eft furprenant qu'il
les ait vû finir. Ce Prince voulut
être pacifique, & il ne fut qu'in-
dolent; fage, & il ne fut qu'irréfolu; jufte, & il ne fut que timide;
modéré, & il ne fut que mou;

bon, & il ne fut que foible ; Théo-
logien, & il ne fut que Fanatique ;
Philofophe, & il ne fut que bifar-
re ; Docteur, & il ne fut que pé-
dant. Il s'érigea en controverfifte,
& parut plus fier, dit un Hiftorien,
d'avoir écrit contre les Cardinaux
Bellarmin & du Perron, que ne
l'auroit été un Conquérant, qui
n'auroit fait que venir, voir & vaincre. Perfonne ne portoit plus loin
les prétenfions de la Royauté que
Jacques ; & peu de Princes ont
autant contribué à l'avilir que lui.
On ne pouvoit être gueres plus
grand dans la fpéculation, ni plus
petit dans la pratique. Il penfoit
en Légiflateur ; il agiffoit en femme.

Cependant il commença fon Regne par une démarche qui annon-

çoit un Roi réfolu à l'être. Dans la proclamation qu'il publia pour la convocation d'un Parlement, il entreprit de marquer les qualités, que devoient avoir les Députés des Communes. Ses prédéceffeurs l'avoient fait fouvent, mais par voie d'exhortation : Jacques employoit une maniere de commandement, & paroiffoit déterminé à ne recevoir le fuffrage, que de ceux qui auroient tout ce qu'il exigeoit. Cette innovation portoit atteinte vifiblement aux priviléges de la Chambre des Communes, qui joüiffoit pleinement du droit de décider touchant la validité des élections de fes propres Membres.

La prétenfion du Monarque aigrit les Sujets. Jacques craignit une révolution, où il y avoit à peine un murmure. Ce Prince aimoit mieux vivre paisible que de régner glorieusement. Il prit le parti d'abandonner le soin de l'Etat à son Parlement, & le consulta même toûjours depuis sur les affaires un peu importantes de sa famille. Cet arrangement faillit à devenir funeste à ce grand Corps, par le désespoir où il jetta une partie de la Nation.

Les Catholiques accablés par Elisabeth, avoient espéré qu'un Roi fils de Marie Stuart leur seroit favorable. La dépendance, où ce Prince se mit de son Parlement, leur fit penser que le joug, sous lequel ils gémissoient, alloit encore s'appesantir. Ils se déterminerent à le briser, par un des plus noirs complots, qui aient jamais troublé le repos du monde.

Ces fanguinaires Sectateurs d'une Religion confacrée par la douceur & la charité, prirent la barbare réfolution de faire périr le Prince & tous les Membres du Parlement, lorfqu'ils feroient affemblés, afin que délivrés de leurs principaux Tyrans, ils pûffent redonner à leur Communion la fupériorité qui lui eft dûe, & qu'elle a eue dans tous les tems. Pour exécuter leur projet, ces furieux loüérent les maifons voifines du lieu où fe tenoit l'Affemblée, & ramafferent beaucoup de poudre au-deffous de la Salle de Weftminfter. C'en étoit fait des plus nobles, des plus fages têtes de l'Ifle, fi une lettre anonyme, qu'un des Conjurés écrivit au Lord Mounteagle pour le détourner des Affemblées, n'eût

fait foupçonner la Confpiration.
On vifita tous les foûterrains, &
l'on trouva caché à l'entrée d'une
cave un Artificier habile, qui peu
d'heures après devoit faire joüer la
mine, & anéantir le Parlement. La
crainte plus que le repentir arracha
tout le fecret de la Confpiration à
ce malheureux. Quelques-uns des
Conjurés furent tués en fe defen-
dant ; plufieurs fortirent du Royaume ; huit furent pris & exécutés.
Robert Catesby fimple Gentilhom-
me, & Thomas Percy de la maifon de Northumberland étoient les
Chefs apparens de la Conjuration ;
on a prétendu que les Jefuites, les
plus Philofophes de tous ceux qui
par goût ou par état, confacrent
leurs jours à la réformation & à
la propagation du Chriftianifme,

en étoient les Auteurs réels.

Ces Peres qui portent l'humani-té , les Arts , la Religion dans tout l'univers ; qui font Légiflateurs dans le Paraguay , Savans à la Chine , Miffionnaires dans le Canada & martyrs par-tout où il faut l'être , furent accufés d'être des factieux dans la Grande Bretagne. Ils s'en font conftamment défendus , fans s'en être encore juftifiés. Trois rai-fons font beaucoup douter de leur innocence. Il regne dans leur apo-logie une aigreur qui n'eft pas dans leur caractere. Ils ont cherché à étayer leur défenfe d'un miracle. Enfin on les voyoit à la tête des Catholiques du pays , rang que leur donne par-tout ailleurs leur mérite.

Quoi qu'il en foit, le Parlement

depuis la découverte de la Confpiration, devint plus abſolu que
jamais, & le Roi plus dépendant.
Ce Prince trouva plus facile de
ſouffrir des injures que de les venger, de ſe paſſer de l'eſtime publique que de la mériter, de ſacrifier
les droits de ſa Couronne que de
troubler ſon repos pour les maintenir. Il vécut ſur le Throne, comme un particulier dans ſa famille.
Il ne conſerva de la Royauté que
le don de guérir les poſſédés, qu'on
attribue aux Rois d'Angleterre. On
auroit dit qu'il n'étoit que paſſager
d'un vaiſſeau, dont il étoit, ou devoit être le Pilote. Cette inaction
lui procura des jours obſcurs, &
prépara un regne tragique à ſon
ſucceſſeur.

A peine Charles I. étoit monté

fur le Throne, qu'il parut entre lui & fes Sujets des difpofitions à fe haïr, une antipathie même toute formée. Tandis que le Roi fe livroit fucceffivement à mille projets, dont la variété étoit plus propre à le faire méprifer qu'à le faire craindre, la Nation s'affermiffoit dans la réfolution de traverfer tout ce qui feroit contraire à fes priviléges. D'un côté, on voyoit un orgueil naiffant qui ne pourroit jamais fouffrir de contradiction ; de l'autre, une opiniâtreté invincible qui feroit toûjours incapable de ménagement. Le Monarque donnoit dans des profufions qui ne pouvoient être foûtenues que par des moyens ruineux ; le peuple étoit livré à une épargne fordide, que la plus grande abondance ne dimi

nuoït point. La Cour avoit une politique vaine, artificieuſe, précipitée; le Parlement une lenteur dans
les délibérations, qui ſans ſervir la
Patrie, déſeſpéroit un jeune Prince. Des inclinations ſi oppoſées
devoient naturellement ſe choquer
dans une région comme l'Angleterre. Un homme dangereux qui,
après avoir été le Favori du pere,
ſe trouvoit l'idole du fils, précipita cet inſtant fatal.

George Villers Duc de Buckingham, avoit préciſément tout ce
qu'il falloit pour gâter ſes Maîtres,
& pour les perdre. C'étoit l'homme de l'Europe le mieux fait, le
plus galand, le plus magnifique
& le plus fier. Il avoit l'eſprit François & le cœur Anglois. Perſonne
ne parloit avec tant de grace, ni

n'agiſſoit plus noblement. Il con-
noiſſoit les ruſes de Cour , & les
dédaignoit : Il ignoroit les affaires,
& s'en rendoit l'arbitre. Son courage brilloit également dans la chaleur du combat & dans les dangers
enviſagés de ſens froid : mais il
étoit moins habile à prévoir le péril que ferme à le ſoûtenir. Aſſis
à côté du Throne dès qu'il parut à
la Cour , & accoûtumé aux complaiſances de la part des Rois, il
déteſtoit les Sujets qui lui oſoient
faire quelque réſiſtance ; & il les
pourſuivoit avec fureur , mais ſans
lâcheté. La diſſimulation fut toûjours à ſes yeux un crime. Dans ſes
vengeances l'éclat précédoit la foudre , & ſes ennemis furent toûjours
avertis du mal qu'il vouloit leur
faire. Extrème dans ſa haine , le
Favori

Favori fut aveugle dans son amitié.
On lui paroiſſoit propre à tout, dès
qu'on avoit l'avantage d'être ſon
parent ou ſon ami. Sa généroſité
s'étendit juſques ſur les perſonnes
les plus indifférentes ; & il avoit
plus de plaiſir à faire des graces
qu'on n'en avoit à les recevoir.
Pour prix de tant de profuſions, il
n'eut pas un ſeul ami véritable.
Quoique préſomptueux , il étoit
capable d'écouter des conſeils ſages & modeſtes , & il ne trouva
pas un homme aſſez reconnoiſſant
pour les lui donner. Il ne lui manqua peut être pour être un grand
homme que la paſſion , qui a rendu tant d'autres Favoris odieux. Il
ne viſa qu'à ce qui étoit agréable
ou noble ; il auroit formé des deſſeins utiles, s'il eût été ambitieux.

Partie II.   E

Ses reſſentimens particuliers déciderent des affaires publiques ; & le tour qu'elles prirent ne pouvoit être ni plus humiliant ni plus malheureux.

Buckingham étoit allé négocier autrefois en Eſpagne le mariage du Prince de Galles , qui échoüa ; & il avoit été envoyé depuis en France pour recevoir la Princeſſe promiſe à ſon Maître. Il porta dans ſes Ambaſſades l'eſprit de galanterie qui lui étoit ordinaire. Dans la premiere , il ſeignit une paſſion pour la Ducheſſe d'Olivarés , & il en ſentit une véritable pour la Reine Anne d'Autriche dans la derniere. Il fut puni en ſecret de l'une, & mépriſé hautement pour l'autre. Ces deux traitemens qui , quoique différens , lui donnoient un ridicule à peu près égal, l'indifpoferent contre les deux Nations; il leur fit déclarer la guerre. Les armes Angloifes avoient du deffous par tout, lorfque le Favori fut affaffiné. Sa mort fut le fceau de la paix avec les étrangers : peut-être avec un peu d'adreffe, Charles auroit-il pû la rétablir auffi dans l'intérieur du Royaume. Ce Prince avoit convoqué trois Parlemens coup-fur-coup. Les deux premiers lui avoient opiniâtrément refufé des fecours, pour foûtenir une guerre qu'ils n'approuvoient point, parce qu'elle étoit l'ouvrage de Buckingham ; le troifieme lui en accorda à des conditions fi humiliantes, qu'il le caffa encore affez brufquement, & promit trop fierement & trop fortement de n'en jamais affembler d'autre.

Pour pouvoir se passer des secours, que les Rois ses prédécesseurs tiroient ordinairement de ces Assemblées, Charles fit revivre des droits abolis par la coûtume, imposa des taxes refusées par le Parlement, exigea des contributions avec une hauteur ignorée jusqu'alors dans l'Isle. Il avoit oublié que le Roi, qui est ailleurs le Juge Souverain & sans appel de la Nation, n'est en Angleterre que le premier Magistrat du Royaume. Dans ses principes, il devoit être aussi absolu qu'aucun Monarque qui ait jamais porté la Couronne.

« Du Principe, que le Parlement
« ne devoit son existence qu'à la
« concession des Rois, & que cet-
« te concession pouvoit être révo-
« quée, naissoit naturellement cet-

« te conséquence, que le Roi pou-
« voit gouverner sans Parlement,
« & par conséquent imposer des
« taxes sur son peuple, comme il
« le jugeroit à propos pour le soû-
« tien du Gouvernement. Du prin-
« cipe, que le Roi étoit au-dessus
« des lois, il suivoit nécessaire-
« ment qu'il n'y avoit aucune sû-
« reté pour les Sujets, & que leur
« honneur, leurs biens, leur liber-
« té, leur vie même étoient à la
« disposition du Roi. Du principe,
« que le Parlement n'avoit aucun
« droit de se mêler des affaires sur
« lesquelles le Roi ne lui deman-
« doit pas son avis, on ne pouvoit
« que conclurre, qu'il falloit laisser
« faire au Roi tout ce qu'il vou-
« loit, même les choses les plus
« préjudiciables à la Nation. Du

« principe, que c'étoit manquer
« de refpect pour le Roi que de fe
« plaindre du Gouvernement , il
« falloit néceffairement inférer que
« le Parlement ne pouvoit exami-
« ner aucun grief, ni s'en plain-
« dre , puifque les griefs ne font
« ordinairement que des injuftices
« commifes par le Roi ou par fes
« Miniftres. Du principe, que le
« Parlement n'avoit tout au plus
« que le droit de repréfenter les
« griefs au Roi, après quoi il de-
« voit tranquillement attendre le
« remede du Roi même, il fuivoit
« que le Roi pouvoit vexer fes
« Sujets à fa fantaifie , fans aucu-
« ne obligation de remédier à leurs
« maux, qu'autant qu'il le jugeroit
« convenable. Du principe, que
« c'étoit offenfer le Roi dans l'en-

« droit le plus fensible, que de dif-
« puter fur l'étendue de fa préro-
« gative, on ne pouvoit que tirer
« cette conféquence, que cette
« prérogative étoit fans bornes, ou
« qu'elle ne pouvoit être limitée
« que par la fageffe ou la bonté du
« Roi même. » Tous ces principes,
comme il eft aifé de s'en appercevoir, tendoient à établir un Gouvernement arbitraire, & par conféquent injufte. Charles régnoit depuis environ douze ans de cette maniere, lorfqu'il fe livra téméraire-
ment aux confeils violens & pré-
cipités de Guillaume Laud Archevêque de Cantorberi.

Ce Prélat ne devoit rien à la naif-
fance, peu de chofe à la fortune,
& beaucoup à la vertu. Il avoit un
efprit vif, une capacité étendue,

des mœurs aufteres. Son humeur étoit aigre, fon cœur ouvert, fes manieres un peu groffieres. Il aima fa Patrie, fon Roi, fon Eglife. Les vicieux ne lui étoient pas moins infupportables que le vice; les incrédules auffi odieux que l'incrédulité; les pratiques extérieures de la piété, plus cheres peut-être que l'effentiel de la Religion. Il eut malheureufement du zele; & ce zele porta fur des objets auffi précieux aux Anglois, que s'ils avoient eu véritablement de la religion.

Depuis que la Grande-Bretagne eut abandonné le centre de l'unité, les fyftèmes s'y multiplierent fi fort qu'on a dit: que fi on obligeoit tous les Anglois à mettre leur profeffion de foi par écrit, il n'y en auroit pas deux qui fe reffemblaffent. Parmi toutes ces Sectes, il s'en trouvoit deux dont les liens extérieurs réuniffoient un grand nombre de Partifans. L'une en fecoüant le joug de Rome, avoit retenu l'Epifcopat, & une partie des cérémonies de l'ancienne Eglife ; l'autre avoit renverfé toute fubordination & aboli tout éclat extérieur comme contraire à la fimplicité de l'Evangile. Les premiers s'appellerent Epifcopaux ou Anglicans; les derniers, Presbytériens ou Puritains, & ils étoient Calviniftes. Les uns voulurent une ariftocratie dans l'Eglife ; les autres une démocratie toute pure. L'Epifcopat étoit dominant en Angleterre, & le Presbytérianifme en Ecoffe. Le Roi animé par l'Archevêque voulut introduire par - tout la Liturgie Anglicanne , & rendre la religion de la Grande-Bretagne uniforme.

Les Ecoſſois allarmés pour leur Religion, s'engagerent par un acte ſéditieux appellé *le Convenant* , à prendre les armes pour la défendre ; & Leſley Officier de réputation fut choiſi pour commander leurs troupes. Charles ſe trouva d'abord en état de les accabler ; ſon irréſolution arrêta la foudre. Les Rebelles plus attentifs à leurs intérêts , ſûrent réparer l'inégalité de leurs forces par des intrigues. Ils conjurerent l'orage par la ſéduction de ceux qui accompagnoient le Roi dans cette expédition : Tous ſes Courtiſans prêterent volontiers l'oreille à la propoſition d'un Traité.

Le Comte d'Arondel , par le

mouvement de son inconstance ordinaire, étoit déja las d'être Général. Le Chevalier Vane, homme
actif & intelligent, avoit tourné ses
talens du côté de ses affaires particulieres. Le Comte de Pembrok
haïssoit autant la guerre qu'il aimoit
la chasse. Le Comte de Holland,
dont toute la politique se bornoit
à une entiere conformité aux inclinations de son Maître, craignoit la
désolation de l'Ecosse, parce que
le Roi la craignoit. Le vieux Chevalier Coke étoit flaté de l'idée de
finir bientôt un voyage incommode
qu'il n'avoit jamais cru nécessaire.
Le seul Comte d'Essex demeura
ferme dans les intérêts du Roi. Il
refusa constamment de recevoir les
visites des Commissaires d'Ecosse,
d'entendre même leurs Proposi-

tïons. On conclut un Traité équivoque que chacun expliqua dans
la fuite à fon gré. Charles congé-
dia fon armée ; les Ecoſſois aug-
menterent la leur, & ils trouverent
un appui dans un des plus grands
hommes qu'il y ait jamais eu.

Le Cardinal de Richelieu qui
eut le privilége unique de rendre
utiles à l'Etat qu'il gouvernoit fes
paſſions & fes talens, fes vices comme fes vertus, avoit un intérêt per-
fonnel de troubler l'Angleterre ,
qui, pour venger Marie de Medicis , appuyoit tous les partis qui fe
formoient en France contre ce Miniſtre. Les fecours d'un homme
puiſſant qui les prodiguoit, & les
confeils d'un politique qui s'eſt rarement trompé , donnerent une
nouvelle vivacité & plus de confiſ-

tence aux mouvemens qui agitoient l'Ecoffe. Charles fe vit forcé à reprendre les armes contre fes Sujets ; & le Lord Conway fut chargé des premieres opérations de la guerre.

Ce Seigneur raffembloit des qualités qui fe trouvent rarement enfemble ; un courage intrépide à la guerre, & une foupleffe infinie à la Cour ; l'eftime des hommes d'Etat, & l'amitié des perfonnes frivoles ; un attrait vif pour la volupté, & une forte application à l'étude : un zele réel dans le cœur pour la Religion, & une incrédulité bien décidée dans l'efprit ; la lâcheté de trahir tous les partis, & l'adreffe de gagner la confiance de toutes les Factions.

Pofté avantageufement fur les

bords de la Thine pour en difputer le paffage aux Ecoffois, il s'en fuit avec une précipitation qui fit moins de tort à fa valeur qu'à fa probité. Le Comte de Strafford Viceroi d'Irlande, joignit dans ces circonf-tances les débris de l'armée qu'il devoit commander. L'efprit de fé-dition qu'il y remarqua, n'abbatit pas fon courage. Avec fes huit mille Irlandois braves, difciplinés, inviolablement attachés à fa per-fonne, il promit fur fa tête de re-pouffer les Rebelles jufques dans leurs montagnes ; & jamais ce grand homme ne fut accufé de té-mérité.

Le Roi, qui ne voyoit autour de lui qu'un ennemi victorieux & fier, une armée découragée & corrom-pue, un peuple mécontent qui ap-

puyoit ou du moins ne traverfoit
pas la rébellion, une Cour où ré-
gnoient affez ouvertement tous ces
vices enfemble, refufa fon confentement à une réfolution fi généreu-
fe. Croyant fon parti ruiné, quand
il n'étoit encore qu'en péril, il affembla tous les Pairs du Royaume,
chofe qui étoit fans exemple depuis
plufieurs fiecles. Cette Affemblée,
quoique compofée de toute la haute Nobleffe du Royaume, ne réunit
que des hommes bornés qui ne
voyoient rien, des cœurs timides
que tout effrayoit, des efprits faux
qui n'avoient que des vûes dange-
reufes, des ames perfides qui tra-
hiffoient leur Souverain & leur
Bienfaiteur. Charles n'y trouva que
de la hauteur; point de bon confeil, & encore moins de fecours.

Dans cette extrémité, l'infortuné Monarque se détermina à convoquer le sanguinaire Parlement de mil six cens quarante, pour se réconcilier, s'il en étoit encore tems, avec les Anglois, & pour les armer contre les Ecossois.

La plûpart des Pairs qui composoient cette trop célebre Assemblée, se trouverent corrompus, & tous les Membres des Communes étoient fanatiques. Dans la Haute Chambre, on étoit mécontent du Roi : dans la Chambre Basse, on détestoit la Royauté. Les premiers étoient sans Religion ; & les seconds, ce qui est plus dangereux, en avoient une ennemie de l'Ordre. D'un côté on ne vouloit qu'humilier le Souverain ; de l'autre on étoit déterminé à le perdre.

Les

Les Seigneurs les plus oppofés à
Charles furent , le Comte de Bed-
fort qui aimoit mieux tenir le premier rang au Parlement, que de
n'avoir que le fecond à la Cour.
Le Vicomte Say qui fe faifoit une
religion de haïr tout ce qui n'étoit
pas de la Secte des Puritains. Le
Comte de Warwick , l'homme le
plus corrompu , & un des plus
grands hypocrites d'Angleterre. Le
Lord Mandeville , l'idole du peuple par fes profufions , & des honnêtes gens par fa douceur. Le Comte d'Effex, que le hafard plaça toûjours dans de grandes fcenes, &
que la nature avoit deftiné à l'obf-
curité. Le Comte de Holland, Parlementaire par caprice plutôt que
par raifon ou par fentiment. Le
Comte de Northumberland , qui

portoit aux derniers excès le mépris pour ſes maîtres, & l'ingratitude pour ſes bienfaiteurs. Mylord
Herbert, qui entroit dans un parti, parce qu'on l'y mettoit, & qui
y étoit conſtant, parce qu'on lui
diſoit qu'il le falloit être.

La Royauté n'avoit point dans
les Communes d'ennemis plus
violens, plus accrédités & plus
adroits que Pym, à qui une longue
expérience tenoit lieu de pénétration, de vertus & de ſervices :
Hambdem, qui étoit tout ce qu'il
vouloit, & qui n'a jamais été ce
qu'il ſembloit être : Saint Jean,
homme ſombre, enveloppé, en-
têté, ſéditieux par principe & par
caractere : Fiennes dans qui les Miniſtres de Geneve, & les Rebelles
de France avoient fortifié le mépris

de l'autorité : Vane, dont la dissi-
mulation profonde, & le génie emporté unis ensemble, formoient un
factieux parfait : Hollis, qui n'eut
de blâmable dans sa conduite, que
.le motif qui en dirigeoit les res-
forts.

Comme le Roi avoit peu d'amis
dans le Parlement, & qu'il n'y en
avoit que de foibles, ses ennemis
s'y trouverent les maîtres des délibérations. Ils commencerent par
s'unir étroitement avec l'armée E-
cossoise, qui, par un accord fait
avec Charles, devoit demeurer en
Angleterre jusqu'à ce que le Parlement eût rétabli la paix entre les
deux Nations. Les Anglois qui son-
geoient à se révolter, ne garderent
plus de mesures avec le Monarque,
quand ils se virent appuyés par des

Rebelles , dont la protection les
aſſûroit de l'impunité. Pour ôter au
Throne l'unique appui qui lui reſtoit , ils accuſerent le Comte de
Strafford d'avoir travaillé à détruire
la réformation & la liberté. Cet
homme illuſtre étoit coupable d'un
plus grand crime ; il aimoit, il ſer-
voit ſon Roi. Un ſi noir complot
qui commençoit par l'injuſtice, devoit finir par la ſédition. Les Pairs
qui avoient horreur de ſe couvrir
d'un ſang ſi pur , furent expoſés à
la fureur du peuple par les intrigues
de la Chambre Baſſe : la foibleſſe
en éloigna pluſieurs de l'aſſemblée ;
la crainte arracha aux autres un
arrêt honteux.

Le Roi qui avoit été quelquefois
grand, parut diſpoſé à l'être en cette occaſion. Il ne refuſa pas ſeule-

ment de foufcrire à l'injuftice ; il
fit encore éclater fon indignation.
Les clameurs d'une populace fédi-
tieufe, & les confeils de quelques
amis timides furent également mé-
prifés. Charles parla en Maître irri-
té, en ami tendre, en Monarque
reconnoiffant. On peut dire que
Strafford immola la gloire du Roi
à la fienne. Pour être grand, il força prefque fon Souverain à une lâcheté. Le foible Prince accorda aux
prieres de fon Miniftre, ce qu'il
avoit refufé aux menaces de fon
Parlement. Il fut permis aux Factieux d'immoler la victime ; & tous
les fiecles fe fouviendront que
Charles I. en figna l'Arrêt.

Le généreux Strafford foûtint à
la mort la gloire de fa vie. Il trouva plus d'honneur fur l'échaffaut,

qu'il n'en avoit acquis dans mille combats ; & il ne regarda pas comme un fupplice, une fin utile à fon Roi. Le facrifice de fes jours lui affûra la réputation du meilleur des Sujets. Ses fuccès à la Cour & à l'armée l'avoient déja placé parmi les premiers politiques & les plus grands Généraux. On oublioit en le voyant, que c'étoit l'homme de fa Nation le plus puiffant & le plus riche ; on penfoit feulement qu'il en étoit le premier génie. Il concevoit fi aifément qu'il pouvoit fe paffer d'étude. Il s'exprimoit avec tant de grace qu'il n'avoit pas befoin de favoir. Son efprit ne fut peut-être que trop fupérieur. Cet afcendant lui infpiroit pour les autres hommes un mépris qu'il n'avoit pas l'attention de diffimuler. La fierté qui eſt le défaut ordinaire des Héros Anglois, fut ſpécialement celui de Strafford. Il ne voulut jamais que la juſtice : mais dans le choix des moyens, il préféra toûjours les violens. Sans une trop haute opinion de lui-même, qui le portoit, pour ainſi dire, à ſe croire un Dieu, il eût pû devenir le premier des hommes.

La fin tragique de Strafford, & l'empriſonnement de l'Archevêque de Cantorberi, qui éprouva dans la ſuite le même ſort, priverent le Roi de ſes deux yeux, ainſi qu'on s'exprimoit alors. Leur place & celle de quelques autres, qui en ſe retirant dans les pays étrangers, épargnerent d'autres crimes à la Nation, & au Roi des foibleſſes, furent remplies par les Seigneurs les plus féditieux du Royaume. Le Parlement exigea cette complaifance; & le Monarque crut que cet expédient guériroit fes Sujets de leurs défiances. Il reçût fes Miniftres de la main de fes perfécuteurs.

Les ennemis de la Royauté font hors de leur place dans le Confeil des Princes. Charles ne trouva dans le fien que des traîtres qui le livrerent à des rebelles. Le Parlement fouhaita qu'il lui facrifiât le droit dont joüiffoient pleinement les Rois, de bannir & d'emprifonner fans en découvrir les caufes ; il le lui facrifia : qu'il renonçât à tous les tributs qui fe levoient par fes ordres, & qui faifoient partie de fon domaine; il y renonça : que les deux Tribunaux deftinés à foûtenir l'honneur & les droits du Diadème fuſſent ſupprimés ; il les ſupprima : qu'il s'engageât à convoquer régulierement tous les trois ans le Parlement ; il s'y engagea. Enfin le Parlement ſouhaita de ne pouvoir être caſſé que du conſentement des deux Chambres ; cette audacieuſe demande fut encore accordée. Le lendemain du jour auquel ce fatal conſentement fut donné , le Comte de Dorſet entra la tête couverte dans la chambre de Charles. Comme on l'avertit de ſonger où il étoit , il répondit, *qu'il n'y avoit plus de Roi d'Angleterre.*

En effet, à peine le Parlement fut-il maître de prolonger à ſon gré ſa durée, qu'il demanda la diſpoſition des armées , des places , des ports, des arſenaux du Royaume. Indigné de ces orgueilleuſes prétenſions, le Monarque Anglois ſe ſouvint enfin qu'il étoit encore ſur le Throne, & qu'il falloit s'y ſoûtenir ſans honte, ou en deſcendre du moins avec gloire. Il arma, & ce retour de courage lui ramena des Partiſans que l'animoſité de ſes ennemis avoit préparés à ce changement.

Depuis long-tems les bons Citoyens que l'amour de l'Ordre avoit autrefois aigris contre les uſurpations de Charles, déteſtoient dans leur cœur les entrepriſes des Factieux qui uſurpoient ſon autorité. Ils trouverent plus étrange encore que le Parlement voulût gouverner ſans Roi, qu'ils n'avoient trouvé mauvais que le Roi voulût ſe paſſer de Parlement. La conſtitution du Gouvernement étoit plus altérée

par l'un que par l'autre. Ils faifoient
des vœux contre les tyrans, en at-
tendant l'occafion de faire des efforts contre la tyrannie. La réfolution du Prince fit éclater de fi
beaux fentimens ; & l'Europe ap-
prit avec joie que la fidélité pour
le Souverain, n'étoit pas une vertu
tout-à-fait bannie de l'Angleterre.

Deux Partis célebres encore aujourd'hui commencerent alors à di-
vifer la Nation. L'un étoit compofé
des Epifcopaux & de ceux pour
qui l'autorité Royale étoit encore
refpectable. L'autre étoit rempli par
les Presbytériens, & par les efprits
Républiquains ou Parlementaires.
Si les accufations que les Partifans
de ces deux Sectes formoient les
uns contre les autres, avoient eu
quelque fondement, l'Angleterre

fe feroit vûe la Patrie des plus grands fcélérats qu'il y ait jamais eu. Les Puritains étoient aux yeux de leurs ennemis, des Rebelles qui ne connoiffoient point d'autorité, des hypocrites qui fe joüoient de la Religion, des hommes féroces qui aimoient le fang. Les Anglicans étoient dépeints comme des flatteurs affervis à toutes les bifarreries du Prince, des fuperftitieux ennemis irréconciliables de tout ce qui ne penfoit pas comme eux, des ames vénales toûjours difpofées à livrer leur Patrie, pourvû qu'on mît un prix à leur trahifon. Il me paroît important de développer fans aigreur & fans partialité les maximes de ces deux cabales dont l'efprit a conduit tous les évenemens qui ont agité depuis la Monarchie Angloife. Les différens noms qu'ils ont porté fucceffivement, d'Anglicans & de Puritains, d'E-piſcopaux & de Presbytériens, de Toris & de Wighs, de corruption & d'oppofition, n'ont rien changé dans leurs fentimens ni dans leur conduite.

Tous les hommes font nés libres & indépendans les uns des autres, difent les Puritains. S'ils fe font déterminés à fe donner des maîtres, c'eft pour fe garantir de l'oppref-fion & de la violence des plus ambitieux d'entr'eux. Pour mettre les Rois en état de remplir leur deſti-née, on leur a accordé la force des armes : mais dans la crainte qu'ils n'en abufaffent on les a foûmis à l'autorité des Lois : elles feules ont droit de régner ; celui qui porte le glaive n'en eft que !l'organe & le défenfeur. Jufqu'à ce que le Souverain vienne à franchir les bornes qui lui ont été prefcrites, il ne doit trouver que de la foûmiffion : fi une fois il dépouille les fentimens d'un pere de la Patrie pour en devenir le tyran ; s'il travaille à abolir les lois fondamentales de la Société à laquelle il préfide, pour établir le Defpotifme ; s'il facrifie à fes paffions ou à fes caprices la vie & les biens de fes Sujets ; alors doit avoir lieu cette maxime inviolable en politique : *Le falut du peuple eft la loi fuprème.* Le Prince en violant fon ferment anéantit la force des autres fermens. Le contrat entre lui & fes Sujets eft rompu ; & la Nation rentre dans l'état de liberté où elle étoit avant de choifir un maître. L'héritier préfomptif ne conferve des droits au Throne, qu'autant qu'il a des principes convenables au Gouvernement établi; fi le repos & la fûreté des peuples doivent fe trouver en péril, fous fon adminiftration, la même raifon qui a dépouillé l'un de fon autorité, doit empêcher qu'on n'en revêtiffe l'autre. Il fe peut que ces maximes fuffent injuftes dans ces Etats où le Souverain a reçû originairement un pouvoir fans bornes, ou l'a acquis par une poffeffion longue & non conteftée : mais en Angleterre où le Roi n'eft pas feul Légiflateur, il eft évident qu'il eft foûmis aux lois de la Société.

Un fyftème auffi populaire rend les Puritains ennemis irréconciliables de la France où l'on eft atta-

ché à d'autres principes. Ils ne cef-
fent de parler de l'étendue de ce
Royaume & de la facilité que fa fituation lui donne d'attaquer avantageufement fes voifins, de la multitude de fes habitans & de leur génie hardi & entreprenant, de la
fertilité de fes terres & de la grandeur de fes reffources. Après avoir
réuffi à faire paroître redoutable
cette Couronne en exagérant fes
forces, les Puritains travaillent à
la rendre odieufe par l'idée qu'ils
veulent donner de fon ambition.
A les entendre la France a un projet fixe & arrêté d'exterminer tous
les Proteftans : il n'y a que cette
Puiffance qui puiffe balancer le
pouvoir Maritime de l'Angleterre,
& détruire ou diminuer fon Commerce : les François profitent également

lement de la paix & de la guerre pour pourſuivre leurs vaſtes deſ- ſeins, & ils menacent l'Europe en- tiere de l'eſclavage.

Les mêmes motifs qui éloignent les Puritains de la Maiſon de Bour- bon les ont toûjours rapprochés de la Maiſon d'Autriche : ils ont cru en avoir beſoin pour faire la ba- lance de l'Europe, & pour mettre avec eux l'équilibre, où ſans cela il n'y en auroit point eu. Cependant ils ſont encore plus attachés à la Hollande. C'eſt une barriere qui les couvre ; un Allié dont une même Religion & des haines communes garantiſſent la fidélité ; un Voiſin également éloigné de la fureur des conquêtes & par le génie & par la politique : de petites jalouſies de Commerce qui pourroient diviſer

<table>
<tr><td>Partie II.</td><td>G</td></tr>
</table>

les deux Nations, ne font rien en comparaifon des intérêts effentiels qui les réuniffent.

Les Puritains ont en matiere de Religion des maximes qui finiffent leur caractere. Ils haïffent l'Epifco-pat, favorifent tous les non-Con-formiftes, & préferent les intérêts de l'Etat à ceux de l'Eglife. La to-lérance leur paroît auffi conforme aux devoirs de la confcience qu'aux regles de la politique. Ils font con-vaincus que la foi doit être l'ou-vrage de la perfuafion, & que la liberté n'eft pas entiere chez une Nation qui ordonne un culte & en profcrit un autre.

On a peine à croire que dans le même pays, fous le même climat, chez la même Nation, il fe trouve des hommes auffi différens des Puritains que le font les Anglicans. Le fyftème politique de ces derniers eft que les Rois ne font refponfables de leur conduite qu'à Dieu de qui feul ils tiennent leur autorité : ils peuvent violer toutes les Lois dont ils ont juré l'obfervation, fans que leurs Sujets aient droit de leur réfifter. Qu'un Souverain méprife les priviléges de fes peuples, qu'il détruife leur liberté, qu'il renverfe leur Religion ; l'obéiffance eft le feul parti qu'il foit permis de prendre, & il n'y a qu'un ordre contraire à la Loi de Dieu qui en puiffe difpenfer.

Ces principes infpirent aux Anglicans plus d'attachement pour la France que pour la Maifon d'Autriche ou pour la Hollande. Soit qu'ils foient Penfionnaires du Roi

Très-Chrétien, comme on le leur reproche , ou qu'ils ne puiſſent pas fournir auſſi aiſément aux frais de la guerre que les Puritains , ils ne voudroient pas que l'Angleterre qui ne peut pas avoir beſoin de ſes Alliés, embraſſât la querelle d'aucune Puiſſance. Je les crois plus portés à reſſerrer qu'à étendre le Commerce, parce qu'il eſt preſque tout entier dans les mains de leurs ennemis : le ſoin d'augmenter les revenus des terres , & d'en diminuer les charges les occupe avec raiſon , puiſqu'ils poſſedent la plus grande partie des fonds du Royaume.

. Les idées que les Anglicans ont ſur la politique, ils les ont ſur la Religion. L'Epiſcopat eſt , ſelon eux , de droit divin auſſi - bien que

la Royauté ; & ils ont toûjours tra=
vaillé avec conſtance à rendre l'E-
gliſe indépendante de la Monarchie. Ils haïſſent les Catholiques
beaucoup moins que les Proteſtans,
& on leur reproche d'avoir conſer-
vé de la Communion Romaine cet
eſprit d'intolérance & de perſécu-
tion qui eſt la ruine de la charité
& de la Philoſophie.

Tels ſont les principes que ſe
formerent les deux Partis qui divi-
ſerent la Grande - Bretagne ſous
Charles I. On ne peut pas dire que
les Sectateurs de ces deux Factions
ayent eu depuis ce tems - là une
conduite toûjours ſoûtenue : les
paſſions des hommes ſont ſi varia-
bles qu'elles leurs permettent rarement d'agir conſéquemment & d'u-
ne maniere uniforme. Si les Puri-

tains & les Anglicans fe font écartés quelquefois de leur fyftème, ils
y font revenus trop-tôt pour leur
bonheur & pour leur gloire.

Il n'eft pas de mon fujet de dé-
crire les évenemens meurtriers que
produifirent ces divifions naiffan-
tes. Jamais l'Angleterre ne fut inon-
dée de tant de fang, ni fouillée de
plus de crimes. La guerre fe fit
avec plus de brutalité que de bra-
voure, plus d'opiniâtreté que de
conftance, plus d'impétuofité que
d'intelligence, plus d'animofité que
d'émulation, plus de fureur que
d'héroïfme. L'honneur des Royaliftes l'emporta d'abord fur le défef-
poir des Parlementaires ; la bonne
fur la mauvaife caufe ; la Religion
fur le Fanatifme. Charles alloit
triompher, s'il eût eu dans le Con-

feil le courage qu'il avoit dans les
armées. Il pouvoit tout, & il n'ofa
rien. De perfides amis l'arrêterent
deux fois fur la route de Londres,
tandis que les Rebelles prenoient
des mefures infaillibles pour l'accabler par le confeil d'Olivier Cromwel.

Cet illuftre fcélérat, qui ne peut
être loüé fans horreur, ni méprifé
fans injuftice, qu'on eft forcé d'admirer & de déteſter tout enfemble,
éclairoit déja par des lumieres fu-
périeures le Parlement qu'il devoit
un jour gouverner. Pour empêcher
la ruine de cette Affemblée, Cromwel imagina l'alliance de l'Ecoffe,
& par-là fon parti qui étoit prefque
abattu, devint plus puiffant que
jamais.

Les Ecoffois qui avoient autre-
G iiij

fois donné la loi à Charles, craignirent d'être obligés à la recevoir de lui, s'il parvenoit à fixer la victoire qui commençoit à se ranger sous ses étendarts. Pour prévenir une soûmiſſion qu'il leur plaiſoit d'appeller eſclavage; ils entrerent dans une ligue dont il y a apparence qu'ils ne pénétrerent pas tout-à-fait le but. Ils furent flatés du plaiſir d'aſſûrer leur liberté, de l'avantage de rendre le Presbytéraniſme dominant, & de l'honneur de protéger l'Angleterre. La révolte unit deux Nations diviſées par une antipathie de quinze ſiecles. Londres & Edimbourg confondirent leurs prétenſions, leurs murmures, leurs projets & leur politique.

Dès-lors la ruine du Parti Royaſte devint infaillible. Quelques avantages remportés fur les Parlementaires Anglois ne raffûrerent pas contre l'union des forces de deux grands Royaumes. Charles avec des Partifans dont quelques-uns étoient perfides, plufieurs chancelans, & peu déterminés à vaincre ou à périr, ne pouvoit pas réfifter à des Enthoufiaftes fans nombre, conduits par une politique abominable, mais profonde. Pour fufpendre feulement la chûte du Roi, il falloit des prodiges, & tandis que Cromwel en faifoit en Angleterre pour l'avancer, Montrofe en faifoit pour la retarder.

Ces deux hommes célebres fixérent fur eux les yeux de l'Europe entiere par des talens plus différens qu'oppofés. Montrofe avoit une droiture de cœur qui le fixa

toûjours dans les intérêts de son
Roi & de sa Patrie ; Cromwel une
supériorité d'esprit qui donnoit un
air d'équité aux actions les plus cri-
minelles. L'un réussit à former lui
seul un Parti sans d'autres ressources que son courage ; l'autre vint à
bout de dominer dans le sien par
beaucoup d'adresse & de politique.
Le premier excelloit à lever des
armées, & à les endurcir au froid
& à la faim ; le second, à les rete-
nir & à les faire subsister. Le Héros
de l'Ecosse avoit une audace qui
déconcertoit les mesures des Guerriers méthodiques ; celui d'Angleterre se faisoit un système, & le suivoit, mais sans lenteur & sans timidité. Montrose faisoit de grandes
choses pour le plaisir de les faire ,
& l'honneur de les avoir faites ;

Cromwel avoit des vûes intéref-
fées, il vouloit recueillir le fruit de
fes intrigues & de fes exploits. La
vanité faifoit proprement le caractere du premier ; l'ambition étoit
la paffion dominante du fecond.
Celui-ci fe montra fupérieur à fes
difgraces ; celui-là plus grand que
fes fuccès. L'un éprouva mille tra-
hifons & les étouffa ; l'autre fe connoiffoit fi bien en hommes, qu'il
n'en fut jamais trompé. L'Ecoffois
perdoit fouvent fes plus zélés Partifans par des foupçons injurieux à
leur gloire. L'Anglois ramenoit fes
ennemis par une confiance qui les
féduifoit. Avec le premier on efpéroit beaucoup de vaincre ; on étoit
affûré de n'être pas vaincu avec le
fecond. Si la Couronne pouvoit
être foûtenue fur la tête de Char-

les, c'étoit par Montrose ; si elle en devoit tomber, c'étoit par Cromwel. Le Parlementaire fut autant supérieur au Royaliste par l'esprit, qu'il lui fut inférieur par le cœur. L'un ressembloit aux Héros Grecs, & l'autre aux Héros Romains.

Montrose eut d'abord des succès qui tiennent plus du Roman que de l'Histoire. Entré seul & en secret en Ecosse, il inspira à quelques braves qu'il rassembla, & à douze cens Irlandois qui le vinrent joindre, une passion extrème pour lui, pour son parti, pour le Roi, pour la gloire, & pour les actions extraordinaires. Sans bagage, sans artillerie, sans munitions, sans places fortes, sans intelligences, sans argent, sans ressources, & presque sans armes, suivi seulement de trois mille hommes , mais trois mille hommes formés par lui aux combats, il gagna quatre batailles, défit cent Partis , surprit quatre-vingt Châteaux, força les meilleures Villes, répandit la terreur dans tout le Royaume. Abandonné par les premieres troupes qu'il avoit levées, trompé par plusieurs de ceux que la nécessité de ses affaires l'obligeoit d'employer, proscrit par le Parlement , entouré d'un peuple d'ennemis & de jaloux , assiégé par deux, par trois , & quelquefois par quatre armées , attaché à un Prince qui communiquoit son malheur à tous ses amis, Montrose ne reçut jamais qu'un échec. Il avoit réparé ce malheur par son activité , sa valeur, sa fortune ; il étoit parvenu à conquérir l'Ecosse entiere, ou

prefque entiere , lorfqu'une nouvelle fcene de la tragédie la plus
compliquée qu'il y ait jamais eu ,
changea tout - à - coup la fituation
des affaires.

Le Roi après avoir foûtenu avec
des fuccès variés une guerre cruel-
le contre les Anglois rebelles & les
Ecoffois qu'ils avoient appellés à
leur fecours, s'étoit laffé de lutter
contre la fortune. Accablé fous le
poids de fes malheurs, & ne voyant
point de jour dans le cahos de fes
affaires, ni d'iffûe dans le labyrin-
te où le fil des évenemens l'avoit
conduit ; ce Prince infortuné fe précipita dans l'abîme qui lui parut le
moins profond ; il alla fe jetter
dans les bras de l'Armée d'Ecoffe,
efpérant y trouver non de l'obéiffance, mais de la compaffion.

Leslay qui commandoit les Rebelles, reçut le Monarque en Sujet respectueux, mais non pas fidele. Il lui persuada de regagner le cœur de ses Sujets, en faisant ouvrir toutes les Villes dévoüées à ses intérêts, & en désarmant tous les corps d'armée qui combattoient encore sous ses enseignes. Les fautes qu'on fait dans les grandes places ne sont pas toûjours libres ; ce sont souvent des suites malheureuses & nécessaires des fâcheuses situations où l'on se trouve. Charles accorda tout, parce qu'il n'étoit pas en état de rien refuser. Depuis cet ordre fatal il ne resta pas le moindre vestige du bon Parti dans l'étendue des deux Royaumes. Tout se soûmit jusqu'à l'invincible Montrose. Ce grand homme préféra la gloire

de bon Sujet à celle de Conquérant redoutable. L'exil auquel son
Maître étoit forcé à le condamner
lui parut plus glorieux, qu'une indépendance marquée du sceau de
la Rebellion. Il s'arracha du sein
des Guerriers qu'il avoit si souvent menés à la victoire en Ecosse, pour aller rendre les Chrétiens
triomphans des Infideles en Hon-
grie.

Tandis que ce Héros alloit prêter le secours de son bras à d'autres peuples, le Parlement d'Angleterre achetoit des Ecossois l'o-
dieux privilége de commettre le
plus grand des crimes. Le Prince
instruit du prix pour lequel on le
livroit, s'écria avec indignation,
qu'il aimoit encore mieux être avec
ceux qui l'avoient acheté cherement,

ment, qu'avec ceux qui l'avoient lâchement vendu.

Lorsque Charles fut conduit en Angleterre, il y avoit deux Factions dans le Parlement, les Presbytériens & les Indépendans. Les premiers ne vouloient que l'anéantissement de l'Episcopat, & la diminution de la Puissance Royale : les seconds étoient pour l'extinction de la Royauté, & par conséquent pour la mort du Monarque.

Ireton gendre de Cromwel, & le Chef après lui des Indépendans, sonda les dispositions de la Chambre Basse, qu'il harangua en ces termes :

« On abuse depuis trop long-
« tems de la patience du premier
« Tribunal d'Angleterre. Les ca-
« prices d'un Roi opiniâtre ont tant

Partie II.   H

« coûté de fang à l'État , qu'il fe-
« roit imprudent de tarder encore
« à réprimer fes fureurs. Le Con-
« trat des Rois & des peuples con-
« tient un engagement mutuel d'o-
« béiffance & de protection ; on
« nous refufe l'un , nous fommes
« difpenfés de l'autre. Toute l'Eu-
« rope a les yeux fur vous , pour
« favoir fi vous avez autant de fer-
« meté pour affûrer le falut public,
« que vous avez fait paroître de
« lumieres pour le connoître. Ne
« balancez pas à prendre le parti le
« plus généreux ; les vaillans hom-
« mes, par qui vous avez triomphé
« fi fouvent, vous affûrent par ma
« voix que leur courage n'a pas di-
« minué, & que leur zele pour la
« Patrie eft toûjours le même. Ils
« fouhaitent feulement de n'être

« pas obligés à chercher dans leurs
« forces une sûreté, qu'ils aimoient
« mieux devoir à la promptitude
« & à la vigueur de vos résolu-
« tions. »

Tandis que Ireton parloit, Cromwel étudioit tous les visages, & li-
soit dans les yeux de l'assemblée ce
qu'il devoit penser de chacun de
ceux qui la composoient. Après
cette épreuve infaillible pour un
homme de son caractere, il livra
le Parlement à l'armée dont il étoit
l'idole, & fit exclurre ou empri-
sonner par la force des armes, environ deux cens Membres de la
Chambre Basse dont la conscience
s'accordoit mal avec ses desseins.
Il fit plus : assûré que la Chambre
Haute détestoit ses forfaits, & ne
se prêteroit jamais à ses vûes, il fit

déclarer dans celle des Communes, qu'à elle seule appartenoit le pouvoir de faire des lois, & qu'on n'y avoit pas besoin du conséntement des Seigneurs, la Souveraine Puissance étant originairement dans le peuple. On érigea ensuite un Tribunal sous le titre de Cour de Haute Justice, dont les Juges furent tirés, partie de l'armée, & partie des Communes, par l'autorité de qui cette Assemblée se formoit. Charles fut cité devant ces furieux, qui justifierent tous le choix qu'on avoit fait d'eux. La plus horrible catastrophe ne leur coûta pas un soûpir, ni le plus noir forfait un remord. L'Angleterre devint le théatre d'un spectacle horrible, dont aucune autre nation n'a eu à rougir. Un Roi généreux fut condamné,

comme tyran, à périr fur un échaffaut ; & cette horrible fcene fut vûe
avec auffi peu d'émotion , que s'il
fe fût agi du dernier des hommes.
Les Presbytériens , dit un Ecrivain
célebre, *fournirent la hache qui cou-
pa la téte au Roi , & livrerent la victime toute liée aux Independans qui
l'egorgerent.*

L'infortuné Monarque fut conduit à une fin fi tragique par les
paffions de Buckingham , le zele
impétueux de Laud , les hauteurs
de Strafford, les indifcrétions de la
Reine , les divifions de fon Confeil , la trahifon de fes Favoris , le
concert de fes perfécuteurs , l'ambition de Cromwel. Le meilleur
maître , le meilleur ami, le meilleur pere , le meilleur mari , le
meilleur Chrétien, peut-être le plus

honnête homme de son siecle ; il
ne lui manqua que de connoître
ses talens pour être un grand Roi.
Il fut assez appliqué pour suffire au
gouvernement de ses Etats ; assez
habile pour commander ses armées ; assez brave pour vaincre ses
ennemis ; assez généreux pour dé-
sarmer les Rebelles ; assez éclairé
pour connoître les intérêts de sa
Couronne ; assez modéré pour res-
pecter les droits de ses peuples.
Malheureusement il se défia trop de
ses forces , & se livra sans réserve
aux passions de ses Ministres , &
aux caprices de ses Favoris. Son
regne ne fut proprement que l'histoire de ces différens caracteres. A
la lenteur succéda la précipitation,
au despotisme des maximes popu-
laires , au goût de la guerre l'a-

mour de la paix, à une dureté outrée une douceur exceffive, au re-
fus des chofes les plus raifonnables
la conceffion des plus injuftes, aux
grandes intrigues les petites finef-
fes, à l'envie de tout brouiller le
defir de tout réunir. Pour peindre
d'un trait ce Monarque, il fut le
joüet de fes amis durant fa vie, &
la victime de fes ennemis à la mort.
Il la vit venir en grand homme, &
ne laiffa paroître ni foibleffe, ni
oftentation.

Les parricides avoient leurs mains
encore teintes du fang de leur Souverain, lorfqu'ils chercherent dans
de nouveaux crimes l'impunité de
celui qu'ils avoient commis. Trois
précautions, toutes trois extrèmes,
leur parurent néceffaires, pour garantir leurs têtes coupables de la

foudre qui les menaçoit.Ils avoient maffacré le pere, ils profcrivirent les Princes fes fils comme fes complices; ils avoient dégradé la Chambre des Pairs, ils la fupprimerent comme inutile ; ils avoient avili la Royauté, ils l'anéantirent comme funefle au bonheur des peuples. L'autorité Souveraine réfida dèslors toute entiere dans la feule Chambre des Communes.

Les gens fages avoient prévû cet évenement. Lorfqu'ils s'apperçurent qu'on ne s'oppofoit pas efficacement aux premieres démarches que faifoit le peuple pour rompre l'équilibre du Gouvernement, ils comprirent qu'il ne s'arrêteroit pas jufqu'à ce qu'il eût ufurpé un pouvoir defpotique. L'Hiftoire des Nations ne fournit pas un feul exemple de quelque affemblée populaire, qui après avoir fait naître des conteftations au fujet de la puiffance Souveraine, fe foit contentée d'un pouvoir borné. Il eft vrai que ces révolutions n'ont jamais manqué d'être funeftes aux Factieux qui les avoient conduites. Ces efprits inquiets, la plûpart fans vûes & fans politique, ont également ignoré l'art de joüir de leur autorité & de la conferver : conftamment trompés par les plus ambitieux & les plus adroits de leurs complices, ils ont plus perdu qu'ils n'avoient acquis ; les ufurpations de la multitude fe font toûjours terminées à la tyrannie d'un feul homme. On va voir une nouvelle preuve de cette vérité dans l'évenement que nous décrivons.

La nouvelle République infpirée par le génie étendu & fublime de Cromwel, procura à l'Angleterre une tranquillité qu'elle n'efpéroit plus, & lui donna un éclat qu'elle n'avoit pas eu depuis plufieurs fiecles. On venoit d'être agité des plus violentes tempêtes, & tout parut calme ; on s'étoit cru à la veille de fa ruine, & on étoit en état de donner des lois. Il eft fâcheux pour l'honneur de la vertu, qu'un des plus beaux, des plus grands fpectacles que fourniffent les Annales des Nations, foit l'ouvrage de la révolte. Tout parut merveilleux dans cette révolution. Les Royaliftes fe plierent à un genre de Gouvernement mal afforti à leur caractere, & que leur confcience n'approuvoit pas. Les Grands accoû-

tumés au rôle de Légiſlateurs de-
meurerent paiſibles dans l'ordre de
ſimples Citoyens. Les Irlandois &
les Ecoſſois, qui avoient armé;
les premiers par attachement pour
leurs Rois; les autres pour effacer
l'horreur de leur trahiſon, furent
malheureuſement domptés. Les
Hollandois, qui avoient profité
des malheurs de l'Angleterre pour
uſurper l'empire de la mer, furent
humiliés. La France & l'Eſpagne
toûjours rivales, toûjours enne-
mies, briguoient baſſement, ſi on
oſe le dire, l'alliance des uſurpa-
teurs. Les Souverains qui auroient
dû s'unir pour venger un attentat
commun à tous les Rois, applau-
diſſoient à l'injuſtice par crainte ou
par intérêt. Toute l'Europe s'humi-
lia, ſe tut, ou admira.

Cromwel étoit le reffort fecret de ces coups d'Etat. Oracle du Parlement par fes lumieres, & idole de l'armée par fon courage, il remuoit à fon gré les deux corps, & les faifoit également concourir à fes vûes & à la gloire de la Nation. Quand le tyran vit que les prodiges de fon adminiftration avoient fait fur les efprits & fur les cœurs, l'impreffion qu'il s'en promettoit, il dédaigna une autorité empruntée, & voulut avoir un pouvoir à lui. Comme fon fyftème étoit de fe faire décerner les honneurs & non de les ufurper, il prit des routes affez détournées pour parvenir au but qu'il fe propofoit.

L'armée nourriffoit depuis long-tems une haine fiere, vive & ouverte pour le Parlement. Quand Cromwel n'eût plus d'intérêt à suspendre les effets terribles de cette dangereuse passion, elle agit avec toute l'audace qu'elle peut avoir dans de braves gens qui se croyent fortement offensés. Ils ne se bornerent pas à demander la réformation de l'Etat, ils voulurent qu'elle fût l'ouvrage d'une autre Assemblée. Le Parlement chercha à cacher la frayeur, que lui causoient ces prétensions, sous un faux air de courage qu'il ne soûtint pas long-tems. Il voulut casser une partie de l'armée, & disperser le reste pour l'empêcher de cabaler contre le Gouvernement. Cette hauteur irrita des hommes, qui ne s'attendoient pas à trouver de la résistance; les esprits s'échaufferent, &

chacun prit parti selon son inclina-
tion ou ses intérêts. A la fin les
Anglois armés donnerent la loi à
ceux qui ne l'étoient pas. Douze
Députés de l'armée & douze du
Parlement, furent choisis pour ima-
giner une nouvelle forme de Gouvernement.

Les Parlementaires regagnerent
dans les Conférences, la supériorité qu'ils avoient perdue dans les
procédés. Ils persuaderent aux Militaires que leurs intérêts communs
demandoient que les choses restas-
sent sur l'ancien pié. Cromwel vit
l'instant qui alloit déranger ses
vûes, & il le prévint. Spectateur
indifférent & désintéressé en apparence jusqu'à ce jour, il se déclara
hautement pour l'armée dont il
étoit Général. Suivi de ses princi-

paux Officiers , il fe rendit à Weftminfter , & en chaffa avec mépris
le Parlement qui y étoit affemblé,
& qui vouloit fecoüer fon joug.
Cet ambitieux fut alors le maître
de s'emparer du Gouvernement :
mais il auroit obtenu du peuple &
de l'armée comme grace , ce qu'il
étoit réfolu d'accorder un jour
comme néceffaire. Pour conduire
les affaires au point de maturité où
il les fouhaitoit, il témoigna beaucoup de zele pour l'adminiftration
la plus populaire. A fon inftiga-
tion , le Confeil des Officiers qui
avoit caffé le Parlement, remit l'autorité Souveraine à cent quarante-
quatre perfonnes choifies dans les
trois Royaumes qu'elles repréfen-
toient.

Le nouveau Tribunal , qui prit

le nom de Parlement, fut compofé à deffein de tout ce qu'il y avoit de plus ridicule, de plus extravagant, de plus décrié dans les trois Nations. Lorfque ces hommes méprifables eurent fait affez de bévûes pour exciter la rifée & l'indignation publiques, les amis de Cromwel leur perfuaderent d'abdiquer un pouvoir incommode, qui les livroit à tant de chagrins : ils y confentirent. L'ambitieux qui conduifoit avec art toutes ces intrigues, vit alors couronner fa politique, comme il avoit vû triompher autrefois fon audace. L'armée fe joignit au Parlement, pour le conjurer de fe charger feul du Gouvernement. Il voulut y être forcé. On fe vit réduit à folliciter baffement des fers qu'on craignoit. Le Tyran ne fe rendit

rendit qu'après une résistance de plusieurs jours, & une froideur offensante. Encore voulut-il moins paroître accepter l'autorité, que cesser de la refuser, & faire croire qu'il avoit plus de talent que de passion pour régner.

Dès qu'on fut parvenu à vaincre l'hypocrite modestie du plus orgueilleux des hommes, la flaterie s'occupa du choix des titres qui pourroient plaire à l'usurpateur. Sa vanité auroit été pour les fastueux : sa politique lui fit préférer les modestes. Il rejetta celui de Roi, qui lui auroit attiré la haine des peuples, & accepta celui de Protecteur, qui lui concilia leur affection. Sous le premier de ces deux noms, il auroit paru plus maître ; il l'étoit réellement davantage sous le fecond. En mettant des bornes aux complaifances des Anglois, il leur épargnoit de la honte, & à lui par conféquent des contradictions. Ces préliminaires de fon regne en prognoftiquerent la fageffe, & en affûrerent la tranquillité.

Cromwel ne fut pas un de ces hommes qui ont paru indignes de l'Empire auffi-tôt qu'ils y font parvenus. Il avoit le génie de toutes les places, de tous les inftans, de toutes les affaires, de tous les Partis, de tous les Gouvernemens. Il étoit toûjours ce qu'il falloit être ; le plus brave à la tête des armées ; le plus éclairé dans les confeils ; le plus appliqué dans les affaires ; le plus éloquent dans les délibérations ; le plus actif dans les entreprifes ; le plus fanatique dans la dé-

votion ; le plus ferme dans les difgraces ; le plus favant dans une
affemblée de Théologiens ; le plus
factieux dans les confpirations. Il
ne fit jamais de faute, ne manqua
jamais d'occafion, ne laiffa jamais
d'avantage imparfait ne fe contenta jamais d'être grand quand il pouvoit être très-grand. Le hafard &
le tempérament, qui décident de
la conduite des autres hommes,
n'influerent pas dans la moindre de
fes actions. Né avec une indifférence entiere pour tout ce qui eft
loüable ou blamable, honnête ou
deshonnête, il n'envifagea jamais
la vertu comme vertu, le crime
comme crime ; il ne vit que les rapports que l'un & l'autre pouvoient
avoir à fon élévation. C'étoit fon
idole ; il lui facrifia fon Roi, fa Pa-

trie, fa Religion, qu'il auroit défendus avec le même zele, s'il y
avoit eu autant d'avantage à les
protéger, qu'à les anéantir. Le fyftème de fon ambition fut conduit
avec un art, un ordre, une hardieffe,
une foupleffe, une fermeté, dont
je ne crois pas qu'il y ait d'exemple
dans l'Hiftoire. Toutes les Sectes,
toutes les conditions, tous les peuples; la paix, la guerre, les négociations; les révolutions, les mi-
racles, les prophéties: tout avan-
ça la fortune de l'hypocrite ufurpateur. C'étoit un caractere né
pour faire la deftinée des Nations,
des Empires & des fiecles. L'é-
clat de fes talens a prefque fait
oublier l'horreur de fes attentats.
La poftérité doutera au moins, fi
Olivier Cromwel fut plus digne

d'exécration que d'admiration.

La chûte de Richard son fils sui-
vit de près son élévation. Il fut
assez long-tems Protecteur pour sa
honte ; trop peu pour qu'il en re-
vînt ni bien ni mal à l'Angleterre.
Il n'eut ni vices ni vertus, dans
un tems, chez une Nation, dans
une place où peut-être tous les
deux étoient également nécessaires.
Sa déposition, qui fut principale-
ment l'ouvrage de sa foiblesse, laissa
le Royaume en proie à trois Factions qui paroissoient devoir renouveller les sanglantes scenes, dont
le seul souvenir glaçoit tous les
cœurs d'effroi. Ces Partis qui alloient occuper le théatre si agité
de la Grande-Bretagne, étoient
celui du Parlement, celui de Lambert, & celui du Roi.

I iij

Le Parlement étoit celui-là même qui s'étoit souillé du sang de Charles I. qui avoit changé la Monarchie en République, & qui est connu dans l'Histoire sous le nom de long Parlement , parce qu'il dura douze ans. Il fut dispersé en 1653. par Cromwel, qui vouloit recueillir seul le fruit du crime qu'ils avoient fait ensemble. Le tour qu'on prit pour le rassembler, fut de dire qu'il avoit été convoqué sous le feu Roi, qu'il n'avoit pas été cassé, & qu'il subsistoit encore. On a peine à comprendre comment l'armée, qui s'étoit prêtée aux violences du Protecteur, jetta les yeux sur ce Parlement qu'elle avoit offensé, plutôt que sur d'autres qui avoient été assemblés depuis, ou sur un nouveau qu'on pouvoit former. Je croirois que le penchant, qu'on remarquoit déja dans beaucoup d'honnêtes gens pour le bon parti, fit préférer une Assemblée personnellement intéressée à perpétuer l'injustice, accoûtumée aux plus odieuses catastrophes, & prète, s'il le falloit, à s'immoler le fils, comme elle avoit autrefois sacrifié le pere.

La puissance du Parlement se trouva balancée par celle de Lambert. Ce Général n'eut pas précisément les vertus qui font un grand homme; il eut les qualités moins honorables, mais plus rares d'un Chef de Parti. Son esprit sans être fort étendu, étoit propre à former & à entretenir des Factions; son cœur sans être droit, étoit généreux; son éloquence sans être forte, étoit perfuafive ; fon air fans être noble, étoit impofant ; fes manieres fans être agréables, étoient féduifantes. Il eut l'ambition d'afpirer à tout, l'audace de s'en dire digne, le bonheur de le faire croire. Par le brillant de fon courage, il étonna les plus audacieux ; par l'activité de fes démarches, il fatigua les plus appliqués ; par la fingularité de fes projets, il déconcerta les plus habiles ; par l'étendue de fes prétenfions, il arrêta les plus ambitieux. Il furpaffoit en fierté les plus orgueilleux, en rufes les plus fins, en connoiffance les plus expérimentés, en conftance les plus opiniâtres. Cromwel lui fit l'honneur ou la honte de le craindre, & de le regarder comme fon rival. Je ne balance pas à croire qu'il au-

roit été fon fucceffeur , fi une feconde ufurpation eût été auffi facile que la premiere. La tyrannie
de l'un avoit averti les Anglois de
fe précautionner contre celle de
l'autre. Le malheur de Lambert eft
d'être venu quelques années trop
tard.

Tandis que ce Général , qui ne
pouvoit trouver fon élévation que
dans les malheurs publics, brouil-
loit l'armée dont il étoit l'ame avec
le Parlement qui le haïffoit ; les
Royaliftes formoient des vœux, &
hafardoient quelques démarches
pour leur Souverain. Charles II.
n'étoit pas alors en Angleterre.
Méprifé par quelques Puiffances ,
trompé par d'autres , & abandonné
de toutes , il promenoit fes malheurs dans différentes Contrées de

l'Europe ; & à la honte de l'humanité, il éprouvoit plus de mépris que de compaſſion. Sa cauſe trouva à la fin un vengeur, & ſes Partiſans un Chef dans la perſonne du Général Monck.

Le caractere de ce Héros avoit échappé juſqu'alors au diſcernement d'une Nation plus profonde dans la connoiſſance des ſciences que des hommes. On le croyoit d'un ſens aſſez droit, mais d'un eſprit borné ; hardi dans les combats, mais timide par tout ailleurs ; avide de richeſſes, mais exempt d'ambition ; propre à faire la guerre, mais incapable de la conduire ; admirable dans un ſecond rôle, mais déplacé dans le premier. On vouloit qu'il eût des fantaiſies, & point de paſſions ; qu'il fût eſclave des bienféances, & qu'il ne connût pas la vertu ; qu'il n'eût point de principes fixes fur la Religion ni fur le Gouvernement, & qu'il fe laiffât aller au hafard : qu'il demeurât toûjours au - deffous du grand qu'il n'imaginoit point, qu'il ne voyoit pas même quand on le lui préfentoit ; qu'il n'eût été qu'un inftrument docile entre les mains de Cromwel, que la mort de l'ufurpateur alloit rendre inutile.

La conduite que tint Monck dans la révolution qui rétablit la Monarchie Angloife, défabufa fa Nation. Soit que ce Général, comme je le crois, ait penfé à fervir fon Roi, auffi-tôt que les brouilleries de l'armée & du Parlement lui en eurent fait voir la poffibilité ; foit, comme quelques Hiftoriens

le conjecturent, qu'il ne foit deve-
nu vertueux que quand il eut dé-
fefpéré de voir fon ambition cou-
ronnée, il eft certain qu'il a mon-
tré un talent inconnu en Angleterre, & rarement porté auffi loin
chez les peuples mêmes, dont la
fineffe forme le caractere, & fait
peut-être la fûreté. J'apperçois dans
toute fa conduite un politique fage, qui n'enfante que des projets
avoüés par la probité, ou ordonnés
par le devoir : un politique pru-
dent, qui ne veut que des chofes
poffibles, & dans le tems feulement
qu'elles font poffibles : un politique impénétrable, dont on ne peut
percer les vûes, moins encore les
moyens qui doivent en affûrer le
fuccès : un politique infinuant, qui
s'ouvre les cœurs foibles par des

careſſes, les Grands par la confiance, les mauvais par des bienfaits : un politique adroit qui tourne contre ſes ennemis les longues intrigues, les détours artificieux, les diſſimulations profondes, dont ils veulent l'envelopper : un politique vif, qui ne perd pas en des délibérations inutiles des momens favorables pour agir & pour avancer : un politique conſtant, qui trouve dans ſon épée & dans ſon génie, de quoi s'affermir contre les difficultés ou les ſurmonter. Monck part d'Ecoſſe dont il eſt Gouverneur, & où il eſt adoré. Il ſe met à la tête d'une armée qu'il a formée, durcie aux travaux guerriers, menée à la victoire, attachée à ſes intérêts. Il entre en Angleterre, où il détruit par ſes Lieutenans les reſtes misérables du Parti de Lambert, qui est pris & enfermé dans la Tour. Il pénetre jusqu'à Londres, où il casse le Parlement factieux qui étoit assemblé, & en convoque un autre, où la Chambre des Pairs abolie d'abord après la mort de Charles I. est rétablie, & dont le premier acte d'autorité est le rappel du Roi. Si je ne me trompe, les fastes de l'Histoire Britannique n'ont pas fourni deux fois le spectacle d'une politique aussi profonde, aussi modérée, aussi vertueuse.

Le Prince, que cette heureuse révolution porta sur le Throne, avoit un goût décidé pour les plaisirs, & un talent supérieur pour les affaires. Il pouvoit être à son choix l'homme le plus agréable & le plus grand homme de son siecle; & par

une philofophie, qui n'eft pas ordinairement celle des Rois, il aima
mieux être heureux que d'être célebre. Il fut plus débauché que voluptueux, plus emporté que déli-
cat dans le plaifir ; & comme fes
Maîtreffes n'avoient pas à fe loüer
de fa fidélité, elles n'eurent pas à
fe plaindre de fa jaloufie. On ne
peut rien ajoûter à la mauvaife opinion qu'il avoit des deux fexes ; il
croyoit toutes les femmes fans vertu, & tous les hommes fans probité ; ce qui fe paffoit dans fa Cour
paroiffoit affez juftifier cette idée.
La liberté étoit proprement fon
idole ; pour lui être odieux, il fuffi-
foit de l'avoir gêné un moment ;
& on lui devenoit infupportable,
pour avoir paru embarraffé avec
lui. Quoiqu'on ne pût pas avoir

plus de dignité qu'il en avoit, il
déteſtoit ſi fort le cérémonial, qu'il
n'a pas été Roi un ſeul quart d'heu-
re durant tout ſon regne. C'étoit
le Prince de ſon ſiecle le plus ca-
reſſant & le plus ingrat, il ſe croyoit
diſpenſé de payer des ſervices, parce qu'il étoit perſuadé qu'on ne les
lui rendoit que par intérêt. Il parloit beaucoup, mais ſi bien, qu'il
étoit paſſé comme en proverbe ,
qu'il n'avoit jamais rien dit de mal,
ni jamais rien fait de bien en ſa vie.
Il ſe laiſſa gouverner par ſes Miniſtres, qui tous enſemble ne voyoient
ni auſſi loin ni auſſi bien que lui ;
& il aimoit mieux adopter leurs
fautes, que de ſe donner la peine
de les redreſſer. L'hypocriſie ne fut
pas du nombre de ſes vices , il vécut publiquement ſans foi comme
ſans

ſans mœurs ; & la Religion Catholique qu'il profeſſa à la mort, ſervit
probablement moins à aſſûrer ſon
ſalut, qu'à honorer ſa mémoire.

Parti. II.   K

VIII. ÉPOQUE.

Le Parlement s'attribue le droit de disposer de la Couronne sous Jacques II. en 1689.

LE rétablissement de Charles II. sur le Throne de ses Peres, ne fut proprement qu'un changement de décoration qui annonçoit de nouvelles scenes. Le cœur des Anglois, aussi fanatique que leur esprit est philosophe, fut l'origine des nouvelles révolutions, comme il l'avoit été des anciennes. Avec la révolte, étoit tombé le pouvoir des Presbytériens Républiquains qui avoient aboli l'Episcopat ; les Anglicans Royalistes devenus les

maîtres voulurent anéantir le Puri-
tanifme, pour venger l'outrage fait
à leurs Dogmes & à leurs maximes.
Il paroiffoit impoffible de faire entrer dans ces vûes le Parlement qui
s'étoit trouvé convoqué à l'arrivée
du Roi. La plûpart des Membres
de cette Affemblée, qui étoient des
reftes de l'odieux Parlement de
1640. n'auroient pas aifément re-
noncé à leurs principes fur la Religion & fur la Politique. Ils paroiffoient applaudir, il eft vrai, au
changement qui venoit d'arriver
dans le Gouvernement : mais pour
fouffrir un évenement qu'ils n'a-
voient pû empêcher, ils n'en étoient
pas plus difpofés à fe déclarer pour
l'intolérance & le defpotifme. La
Cour à qui ces difpofitions n'a-
voient pas échappé, prit le parti

de caffer ce Parlement auffi-tôt que la bienféance le put permettre , & en affembla peu après un autre.

Jamais Affemblée n'a été convoquée dans une circonftance plus favorable. La prévention des peuples pour le nouveau Monarque étoit portée jufqu'à l'aveuglement. Ses Partifans, pour hâter fon rétabliffement , avoient parlé avec tant d'admiration de fon caractere , qu'ils avoient pour ainfi dire enivré la Nation entiere de l'idée de fes talens & de fes vertus. Tout le monde étoit convaincu qu'un Prince fi accompli ne pourroit jamais abufer de l'autorité , qui lui feroit confiée. La défiance fi ordinaire aux Anglois pour leur liberté n'exiftoit plus , ou ne fe montroit point. On étoit perfuadé que con-

tent de rétablir le Gouvernement
fur le pié où il étoit fous Elifabeth,
Charles éviteroit avec foin les routes qui avoient perdu fon pere &
égaré fon ayeul. Dans cette efpé-
rance le choix des peuples tomba
fur des hommes qui paroiffoient
agréables au Souverain , afin qu'il
pût avec eux affermir l'Etat depuis
long-tems ébranlé par de violentes
fecouffes, & qu'il falloit, pour ainfi
dire, tirer de fes ruines & de fes
débris.

Le nouveau Parlement fe trouva compofé par les artifices de la
Cour, de jeunes gens téméraires
& débauchés, qui devoient l'honneur dont ils joüiffoient à la haine
qu'on portoit aux Puritains fectai-
res, furieux & atrabilaires, & à l'envie qu'on avoit de les chagriner ;

d'hommes frivoles, plus flatés des distinctions & des caresses du Prince, que de la gloire de servir leur Patrie & de remplir leurs devoirs ; de dissipateurs sans honneur & sans crédit, qui regardoient la députation comme un moyen de différer le payement de leurs dettes, ou d'acquérir de quoi les payer ; de Royalistes outrés, plus zélés pour leurs opinions que pour la liberté publique, ou qui croyoient leur bonheur moins assûré par une autorité partagée, que par un Gouvernement tout-à-fait Monarchique.

Ce Parlement, dit un Historien, sembla vouloir faire amende honorable au fils des outrages qu'il avoit faits au pere. Il se détermina sans beaucoup de répugnance à dépouiller la Nation des droits qui lui avoient coûté tant de sang à acquérir & à conſerver. Il obligea tous ceux qui poſſédoient des emplois Eccleſiaſtiques, civils ou militaires de ſouſcrire à cette Déclaration : *Qu'il n'etoit pas permis ſous quelque prétexte que ce fût de prendre les armes contre le Roi, & que c'étoit une maxime déteſtable de dire qu'on pût prendre les armes contre l'autorité du Souverain, contre ſa Perſonne ou celle de ſes Miniſtres.* Ce ſerment eſt ſi extraordinaire qu'on ne pourroit y ajoûter foi s'il n'étoit atteſté par le témoignage de tous les Hiſtoriens : à la lettre, il autoriſoit le Roi à caſſer les anciennes Lois, à en établir de nouvelles, à abolir l'uſage des Parlemens, à lever de nouveaux impôts. Puiſqu'il

h'y a point de Cour suprème où le
Monarque puiſſe être appellé, &
qu'il n'y a point de raiſon qui au-
toriſe à prendre les armes contre
lui, il eſt évident que l'autorité
Souveraine reſide dans lui ſeul ; ce
qu'aucun Anglois ne voudroit, je
crois, avoüer.

Ce premier pas étant fait, les
autres dûrent coûter fort peu. Le
privilége qu'on avoit conſtamment
refuſé à Charles I. de diſpoſer de
la Milice du Royaume, & qui avoit
occaſionné des animoſités ſi vives,
fut accordé ſans difficulté & ſans
reſtriction à ſon ſucceſſeur. Cette
ceſſion ſi importante par elle-même, le devint bien davantage par
les profuſions qui la ſuivirent. Comme ſi le Parlement eût formé le
deſſein de rendre les Rois indépen-

dans & defpotiques, il doubla leurs revenus en leur accordant à perpétuité le droit de mettre des impofitions très-confidérables. On a prétendu que les Conceffions auroient été pouffées beaucoup plus loin, fi le Chancelier Clarendon ne s'y fût oppofé : il répondit courageufement à Alexandre Popham qui offroit de faire établir par le Parlement où il avoit un grand crédit, un fubfide de deux millions de livres fterling par an : *Que le plus fûr revenu que le Roi pût acquérir etoit le cœur de fes Sujets, & qu'il y trouveroit des reffources que les plus grands befoins n'epuiferoient jamais.*

Quoique la réponfe du Chancelier ne favorifât pas les inclinations du Roi, elle fut reçûe comme un oracle. Le mérite d'avoir long-tems partagé la mauvaife fortune de fon Maître lui donnoit un grand afcendant fur lui. Il n'étoit pas feulement fon premier Miniftre, il étoit encore fon Favori. Tout auftere, tout ennemi qu'il étoit publiquement de l'inapplication & des plaifirs du prince, il confervoit toute fa confidération. Il portoit dans les fonctions de fa charge toute la probité d'un honnête homme, mais il n'y mettoit jamais fes fages adouciffemens dont l'humanité a fouvent befoin. L'intérieur du Royaume lui étoit bien connu : mais il s'égara fouvent dans le maniment des affaires étrangeres qu'il entendoit mal. Son goût fur beaucoup de chofes n'étoit pas infaillible : il vouloit de la dignité dans fes manieres, & il y mettoit de la fierté ; il vouloit de l'esprit dans ses discours & il y mettoit de l'affectation. Une vertu rare à la Cour le distingua beaucoup : il s'opposoit avec force dans le Conseil à l'élévation des personnes qu'il n'estimoit pas ; hors de-là , il justifioit le choix du Monarque avec autant de zele que s'il ne se fut déterminé que par ses conseils. Il fût bon Sujet ; encore meilleur Citoyen ; & au sentiment des gens sensés , religieux jusqu'au fanatisme : ce fut par ses insinuations qu'on se détermina à proscrire le Presbytéranisme , qui avoit bouleversé l'Etat , & qui pouvoit faire naître des occasions ou profiter de celles qui se présenteroient pour le bouleverser encore. Cependant comme il eût été trop odieux de n'attaquer ouvertement qu'une seule Secte dans un pays où il y en avoit sans nomb:e, elles furent toutes enveloppées dans une même condamnation ; on proscrivit tout ce que l'Eglise Anglicane comprend sous le nom de non-Conformistes.

Ce fut dans le Parlement convoqué par le Roi en 1661. que fut faite une démarche si odieuse & si précipitée. La Cour ne tarda pas à s'appercevoir, que le Chancelier Clarendon avoit sacrifié à l'amour de ses opinions, la grandeur & les intérêts de son Maître. Dans le système qu'avoit formé le Monarque de se rendre absolu, il devoit s'étudier à gagner les cœurs : & on venoit d'aliéner la moitié de la Nation, sans l'espérance d'aucun avantage. Pour calmer les Presbytériens,

que leur caractere ou leur nombre
rendoit redoutables, & favoriſer les
Catholiques , dont les maximes
étoient favorables au pouvoir arbitraire , on médita de rétablir la liberté de conſcience. Clifford, Arlington , Shaftsbury, Lauderdale ,
Buckingham, dont les quatre premiers étoient Miniſtres, & le dernier Favori du Roi, furent les auteurs de cette entrepriſe. On les
chargea d'en préparer le ſuccès.

Clifford étoit droit, violent, opiniâtre ; il paroiſſoit indifférent, &
je crois qu'il l'étoit, pour ſa fortune, pour ſon repos, pour ſa gloire.
Trois objets l'occuperent tout entier : l'élévation du Roi , la ruine
de l'Egliſe Anglicane , la propagation de la Religion Romaine. S'il
eût eu une vertu moins auſtere ,

ou des principes plus relâchés, il auroit pû servir utilement sa Patrie.

Arlington réparoit la médiocrité de son génie, la lenteur de ses opérations, les bornes étroites de ses vûes, par un jugement exquis, une forte application, une grande connoissance des affaires étrangeres qu'il devoit à son expérience : comme on n'étoit pas en garde contre lui, il étoit rare qu'il échoüât dans ses entreprises.

Lauderdale joüia presque toute sa vie un rôle emprunté. Il étoit Républiquain, & il travailla à établir la Monarchie pure ; Presbytérien, & il appuya le Catholicisme ; violent, & il employa toutes les soupleffes de l'intrigue. Il eut l'esprit faux, la mémoire prodigieuse, plus de savoir qu'on ne lui en auroit

paffé ailleurs qu'en Angleterre. On
ne le ramena jamais de fes erreurs,
mais il en revenoit le plus fouvent
de lui-même, pourvû qu'il n'en fût
pas averti : deux fortes d'ennemis
s'opiniâtrerent à fa perte ; il fe dé-
barraffa toûjours heureufement des
fiens ; & fi fes avis euffent été fuivis, il auroit eu le même fuccès
contre ceux du Monarque.

Buckingham avoit l'air noble,
l'efprit agréable, le talent de tourner tout en ridicule. Il ne connut
la Religion que pour la combattre,
la vertu que pour la méprifer, l'a-
mitié que pour la trahir. Il commença par corrompre le Roi fon
Maître, continua par en médire
fans ménagement, & finit enfin par
en être haï. Il infpira fucceffivement toutes les paffions : l'admira-

tion par ſes belles qualités, l'envie par ſa faveur, le mépris par ſes mœurs, la haine par ſes malices, la compaſſion par ſes malheurs. Il ſe borna à être l'homme le plus fri- vole de ſa Nation, quoiqu'il fût né pour en être le plus grand & le plus utile. Le portrait de Shaftsbury trouvera un peu plus bas ſa place.

Les cinq Seigneurs regarderent l'affaire de la tolérance comme eſ- ſentielle, puiſque c'étoit la baſe ſur laquelle devoit porter l'édifice du Gouvernement arbitraire qu'on vouloit éléver : mais ils ne s'atten- doient pas à la voir réuſſir ſans de grandes difficultés. Pour les préve- nir ou les ſurmonter, ils formerent entr'eux une union indiſſoluble ; le Roi s'appuya de l'alliance de la France ; & la guerre contre la Hol- lande

lande fut réfolue, afin d'avoir un prétexte de tenir une armée fur pié. Après qu'on eut pris des arrange-mens fi fages, Charles ne tarda pas à faire publier la liberté de conf-cience, & à fufpendre l'exécution des lois pénales établies contre tous les non-Conformiftes.

Il y a apparence que le chagrin que ce coup de vigueur caufa aux Anglicans, auroit été l'unique fui-te fâcheufe de cette affaire, fi les fonds fur lefquels on comptoit pour foûtenir le poids de la guer-re, n'euffent tous manqué à la fois. Dans cet embarras, le Roi fe vit réduit à convoquer fon Parle-ment ; & le Parlement qui fentit le befoin qu'on avoit de lui, dé-clara qu'il n'accorderoit des fub-fides, qu'à condition que la liber-

Partie II.   L

té de conscience seroit révoquée.

Charles se trouva dans une de ces situations absolument mauvaises, où l'on ne peut prendre qu'un mauvais parti : il lui paroissoit humiliant de ruiner son ouvrage, & dangereux de le maintenir. D'un côté il voyoit sa gloire en péril, & de l'autre sa sûreté. Il lui falloit renoncer à ses projets, ou aux secours nécessaires pour les appuyer. Les hommes d'Etat, ce qui n'arrive pas toûjours, étoient pour le parti honorable ; & les femmes., ce qui est rare, se déclarerent pour le parti honteux. Les uns faisoient craindre au Monarque que le Parlement enhardi par ses premiers succès, ne portât trop loin ses vûes ambitieuses ; les autres l'assûroient que cette condescendance lui attache-

roit pour toûjours ce grand Corps.
Les Royalistes déclarés vouloient
qu'il fît appuyer ses prétensions par
l'armée qui étoit sous les murs de
Londres ; les Républiquains secrets
ne parloient qu'avec horreur d'un
expédient qui alloit bouleverser le
Royaume.

Le Roi balança ; & quand on balance, on est déja déterminé pour
le mauvais parti. Comme l'instant
présent étoit toûjours celui qui in-
fluoit le plus sur les résolutions de
ce Prince voluptueux , il sacrifia
assez aisément un avenir qui lui
paroissoit incertain , & qui étoit
peut - être éloigné, aux offres de
son Parlement, aux caprices de ses
Maîtresses, à son goût particulier :
on proscrivit de nouveau les non-
Conformistes ; & les Ministres qui

avoient conduit le grand , le précieux ouvrage de la tolérance , se
virent en péril. Ils savoient que le
Prince n'étoit pas assez exact en
matiere de probité , pour soûtenir
les auteurs après avoir abandonné l'ouvrage. Ils craignirent d'être
livrés aux ressentimens des deux
Chambres par un Monarque timide, qui leur sacrifioit ses plus beaux
projets. Shaftsbury le plus coupable , si c'est l'être que de servir son
Souverain , étoit la victime dont
les ennemis de la Royauté souhai-
toient davantage le sacrifice. Il dé-
tourna le glaive en abandonnant
les intérêts de la Cour, & devint
le Chef des Parlementaires.

Cet homme si célebre dans l'Histoire Angloise , fut un de ces caracteres extraordinaires qu'on trou-

ve dans la Grande-Bretagne plus qu'ailleurs, & qui contribuent à la gloire ou à la honte de leur Nation, selon les idées qu'on s'en fait des choses. La nature lui avoit donné un esprit vaste : le travail lui procura des connoissances profondes ; l'ambition le fit aspirer aux grandes intrigues ; l'habileté l'y plaça ; le bonheur l'y fit réussir. Il fut ami sincere, rival dangereux, ennemi implacable, voisin inquiet, maître généreux. Le talent de la parole commença sa réputation. Une éloquence forte, véhémente, plaisante même, mais à propos, lui avoit érigé une espece de Throne dans le Parlement ; il y régnoit ; inutilement on délibéroit, il ramenoit tout à lui par la conviction, par le sentiment ou par la

crainte du ridicule. De cet avantage, naiſſoit la facilité qu'il trouvoit à former des cabales & des
factions. Une détermination forte
à tout oſer, juſtifioit l'air de confiance qu'il affectoit ſouveraine-
ment avec ſes complices; il ne fit
jamais de crime inutile : mais il ha-
ſarda toûjours ſans remords tous
ceux qu'il crut néceſſaires à ſes vengeances, à ſa réputation, à ſes intérêts. C'eſt peut-être le premier
homme, qui ſans inconſtance ait
changé cinq à ſix fois de parti : il
comptoit avec complaiſance les
raiſons de ſes variations; & on ne
pouvoit s'empêcher d'en admirer
le tems, la maniere & les circonſ-
tances. Une connoiſſance parfaite
des talens, de l'humeur, des vûes
de tous ceux qui avoient quelque

part aux affaires de fa Nation, montroit à fes yeux l'avenir d'une maniere qui tenoit beaucoup plus de
la certitude que de la conjecture.
Ses lumieres n'étoient fûres qu'en
politique ; il donnoit dans des erreurs capitales fur tout le refte. Il
portoit l'Athéifme dans la Religion,
la confufion du bien & du mal dans
la Morale, le Pirrhonifme dans
l'Hiftoire, l'Aftrologie dans la Phy-
fique. Il feroit poffible de tracer
deux portraits de cet homme fingulier, tous deux beaux, tous deux
reffemblans, tous deux oppofés.

Comme Shaftsbury étoit ouvertement tout ce qu'il étoit, le Roi
ne tarda pas à s'appercevoir qu'il
s'étoit fait un ennemi dangereux ,
& le peuple fentit qu'il avoit acquis
un Protecteur intrépide. Le nou-

L iiij

veau Cromwel moins rufé, mais plus hardi encore, plus décidé que l'an.ien, chercha par des éclats de vengeance à fe faire regretter d'un parti, & à fe faire fouhaiter par l'autre : il avoit voulu avilir le Parlement ; il forma le deffein de détruire le Monarchie.

Ce projet paroiffoit extravagant au premier coup d'œil. Les peuples venoient d'éprouver des horreurs, qui devoient naturellement les tenir en garde contre les inquiétudes des efprits Factieux. Une nouvelle révolution dans le Gouvernement, renouvelloit néceffairement les mêmes fcenes. L'alternative ne pouvoit rouler qu'entre la vengeance d'un Miniftre outragé, & l'ambition de mille Tyrans. Ce raifonnement eût été bon ailleurs qu'en

Angleterre, & auroit fait impreſſion ſur un autre homme que Shaftsbury.

Cet audacieux perſonnage vit
d'abord qu'il pouvoit compter ſur
les Wigs, ennemis de la Royauté
par leur politique, & du Roi par
leur Religion. La révocation de la
liberté de conſcience venoit d'aigrir ce parti tout Presbytérien, &
l'avoit diſpoſé à s'écarter de l'obéiſſance : mais depuis le rétabliſſe-
ment de la Monarchie, cette Faction étoit trop affoiblie pour pouvoir faire ſeule un changement dans
l'Etat : Shaftsbury entreprit d'y faire concourir les Torys tout Roya-
liſtes, tout Anglicans qu'ils étoient ;
& il eſpéra de renverſer le Throne
par les mêmes mains qui venoient
de le relever.

La réunion des deux partis étoit une efpece de chimere qu'on avoit tentée mille fois inutilement. Elle étoit devenue encore plus difficile depuis l'affaire de la tolérance, où une partie de la Nation avoit été facrifiée à l'autre. Cet évenement avoit augmenté les jaloufies, & réveillé avec violence toutes les raifons qu'on croyoit avoir de fe détefter. Il falloit des refforts inconnus & bien puiffans pour rapprocher des cœurs fi éloignés, & pour donner les mêmes idées à des efprits qui avoient des principes tout oppofés. Shaftsbury en vint à bout; on va voir comment.

Toute l'Angleterre foupçonnoit depuis affez long-tems que fon Roi cherchoit à rendre la Religion Romaine dominante, & à établir le

pouvoir arbitraire ; mais elle ne faifoit que le foupçonner. Le doute
fe changea en certitude, qnand on
eut entendu Shaftsbury dans le
Parlement. Cet infidele Miniftre
n'ignoroit aucun des fecrets de fon
Maître, & il les dévoila tous. Il fit
adroitement fentir les rapports néceffaires, que l'alliance avec la
France, la guerre contre la Hollande, la liberté de confcience, avoient
avec les deux objets que la Nation
redoutoit le plus. Pour donner plus
de poids à fes paroles, il s'avoüa
coupable d'avoir favorifé ces projets, & parut difpofé à expier ce
qu'il avoit fait de trop pour le Souverain par les fervices qu'il rendroit
aux peuples.

Les artifices de Shaftsbury firent
plus d'effet qu'il n'en efpéroit ; & il

en efpéroit beaucoup. Tout accoûtumé qu'il étoit à entraîner la multitude, il n'avoit jamais eu de fuccès fi complet. La liberté, les Lois,
la Religion parurent dans le plus
grand péril. Whigs & Torys, tout
fut allarmé. On demanda d'une
voix unanime, un remede à celui
qui avoit découvert le mal.

Shaftsbury qui connoiffoit mieux
les hommes qu'ils ne fe connoiffent
eux-mêmes, apperçut dans ces clameurs plus de cette vivacité qui fe
plaint, que de cette fureur qui dé-
termine aux grands crimes. Il ne
méprifa pas affez les Anglois pour
fe faire voir tout entier à eux. Un
Roi, dont on n'étoit que mécontent, ne lui parut pas une victime
encore prête; il crut devoir fe borner cette fois à la perte du Duc

d'Yorck qui étoit détesté. Il espéra que le Monarque appuieroit le Prince son frere contre la Nation; que les cœurs s'aigriroient par ces divisions; qu'avec un peu d'adresse, on rendroit le peuple & la Cour irréconciliables; & que le Parlement se porteroit peut-être un jour de lui - même, à ce qu'il eût été dangereux de lui proposer trop-tôt. Comme il étoit indifférent pour le Shaftsbury que le Duc d'Yorck vécût, & qu'il lui importoit seulement qu'il ne régnât point, il ne pensa pas à demander le sang du Prince; il travailla seulement à le faire exclurre de la Couronne. Un évenement tout - à - fait bisarre lui en facilita les moyens.

Titus Oatés le plus méchant des hommes selon les uns, le plus fou felon les autres , & felon moi tous les deux enfemble , forgea la calomnie la plus affreufe & la plus mal concertée qui foit jamais tombée dans l'efprit humain. Il attribua aux Catholiques le plan d'une confpiration , dont le but étoit de faire périr le Roi , de renverfer le Gouvernement , d'élever la Religion Romaine fur les débris de toutes les autres, & de la cimenter par le fang de leurs Sectateurs. Le Général des Jéfuites étoit le chef de l'entreprife. Le Pape , le Roi de France , celui d'Efpagne, la Reine d'Angleterre ; le Duc d'Yorck furtout , l'appuyoient. On avoit ramaffé de fi grands thréfors , donné de fi bons ordres, levé de fi nombreufes armées , trouvé des Généraux fi expérimentés , choifi des

Miniftres fi habiles , que deux heures devoient fuffire pour achever la
révolution.

La poftérité aura peine à croire,
qu'une des Nations les plus éclairées & les plus vertueufes qui foient
au monde , ait été affez aveugle
pour croire cette rêverie , ou affez
injufte pour verfer du fang fans y
ajoûter foi. Malgré les contradictions fans nombre qui devoient
faire méprifer l'accufation , & pu-
nir le délateur, les Catholiques furent traités avec autant de févérité,
que s'il n'y avoit eu rien à dire pour
leur innocence : ils furent dépouil-
lés , emprifonnés , exilés , mis à
mort.Ces barbaries fe multiplioient
chaque jour , lorfque Shaftsbury
offrit au Parlement le dénoûement
d'une Tragédie qui duroit depuis

trop long - tems : il propofa , pour accabler d'un feul coup les Catholiques, de déclarer le Duc d'Yorck incapable de jamais monter fur le Throne Anglois. L'acte d'exclufion fut dreffé & accepté fur le champ par les Communes, & enfuite envoyé à la Chambre Haute, où les intrigues & les promeffes du Monarque parvinrent enfin à le faire rejetter. Shaftsbury n'abandonna pas pour cela fon projet ; il renouvella plus d'une fois fes pourfuites : mais il trouva toûjours quelques Royaliftes de trop parmi les Seigneurs. Le tems & la mort de ce Factieux calmerent peu-à-peu les efprits. Le fceptre paffa des mains de Charles dans celles du Duc d'Yorck avec une tranquillité, qui ne rappelloit pas ce qui avoit précédé,

cédé, & qui n'annonçoit pas ce qui alloit suivre.

Jacques II. porta sur le Throne des talens bornés, quelques vertus inutiles, beaucoup de défauts essentiels. Les éloges, dont le sage Turenne honora ses premiers exploits, lui firent d'abord une réputation de valeur qui se soûtint mal. Le travail lui donna sur la marine les lumieres d'un Subalterne ; il manqua de génie pour acquérir celles d'un Amiral & d'un Souverain. Son application, toute forte, toute suivie qu'elle étoit, ne remplaçoit pas la pénétration que la Nature lui avoit refusé pour les affaires : On disoit des deux freres que *Charles pourroit tout voir s'il le vouloit ; & Jacques voudroit tout voir s'il le pouvoit.* Ses amis, car quoique Roi il

Partie II.   M

en avoit, & il méritoit d'en avoir,
eurent à fe loüer de fa conftance ;
fes Miniftres de fa fermeté ; fes
Courtifans de fa franchife ; fes fer-
viteurs de fa générofité ; fes thré-
foriers de fon exactitude ; fes alliés
de fa fidélité ; fes enfans de fa ten-
dreffe. Malheureufement fes Sujets
n'eurent pas tort d'être mécontens
de fon adminiftration. Né ambitieux, il fe trouva gêné par les lois,
& vifa au defpotifme : Fier, il dédaigna de déguifer fes prétenfions,
& laiffa trop éclater fes vûes : violent, il méprifa les voies de l'infinuation, & voulut arriver à fon but
par la force : opiniâtre, il ne dé-
mordit jamais de fes entreprifes, &
il aimoit mieux tout perdre que de
reculer : vindicatif, il ne pardonna,
ne diffimula jamais d'injure, &

pour n'avoir pas fû oublier à propos des fautes, il pouffoit fes ennemis aux plus grands crimes.

Un Prince de ce caractere auroit
eu befoin de gens fages, capables de
prévenir fes fautes par leurs lumieres, & de réparer fes emportemens
par leur modération; malheureufement il n'écoutoit que des Miniftres infideles ou incapables : une
Reine, qui quoique Italienne étoit
plus emportée que politique : un
Confeffeur (*le P. Peters*) qui avoit
toute l'ambition qu'on reproche
injuftement à fa Compagnie, fans
en avoir l'habileté, il pouvoit tout
au plus faire des Profelytes, & on
lui laiffoit gouverner l'Etat. Ce fut
peut - être un malheur, que les
Maîtreffes de ce Prince ne fe mê-
laffent pas du Gouvernement. Jac-

ques n'auroit pas été le premier
Monarque qu'elles auroient rendu
grand. Il y a apparence que leur
esprit ressembloit à leur figure toûjours si laide , que Charles II. disoit, *qu'il sembloit que son frere reçût
ses Maîtresses de la main de ses Con-
fesseurs qui les lui donnoient pour pé-
nitence.*

Le portrait que je viens de tracer
n'annonce pas un regne paisible ,
heureux & brillant. Le Duc de
Monmouth fils naturel de Charles
II. & le Comte d'Argyle le plus
grand Seigneur d'Ecosse, en trou-
blerent les premiers jours. La trahison avoit banni ces deux mé-
chans hommes de leur Patrie du
vivant du feu Roi ; le crime les
avoit unis en Hollande ; la révolte
les conduisit l'un en Angleterre ,

l'autre en Ecoſſe ; le déſeſpoir les y fit arriver mal accompagnés ; l'incapacité les y fit fit battre ; la Juſtice les immola ſur un échaffaut.

Deux victoires les plus déciſives qu'on pût ſouhaiter, donnerent aux armes de Jacques un éclat & une autorité qui lui firent précipiter ſes deſſeins. Le Prince avoit le bonheur d'être Catholique, & l'ambition de communiquer ſon bonheur à tous ſes Sujets. Il porta dans l'éxécution de cette entrepriſe le zele qui rend un Miſſionnaire célebre, & non pas celui qui rend un grand Roi illuſtre. Ses démarches ſe ſuivirent avec une précipitation, qui fit plus de tort à ſa prudence que d'honneur à ſa Religion. Il fit d'abord décider par les douze Juges d'Angleterre, plus eſclaves, dit-on, de la faveur que de la juſtice, que le Souverain avoit droit de diſpenſer des Lois Pénales portées par le Parlement. Ce premier avantagè en préparoit, & en amena un plus important. Le Prince révoqua le ſerment du *Teſt*, par lequel on abjuroit la préſence réelle de Jeſus-Chriſt dans l'Euchariſtie : cette Loi qui excluoit des Charges & du Parlement tous ceux qui refuſoient de s'y ſoûmettre , avoit été portée contre les Catholiques ſous le regne de Charles II. On prévit dès-lors ce qui arriva , que les deux Chambres ; que les Armées de terre, que les Flotes, que les Dignités alloient être remplies par des Sujets de la Religion du Monarque. Enfin Jacques accorda la liberté de conſcience à tous ſes Sujets, afin

que tous les Catholiques en pûſ-
ſent joüir ſans jalouſie. La Nation
acheva de s'aigrir par le ſpectacle
inutile & déplacé d'un Nonce qui
fit ſon entrée publique à Londres,
& par le mépris qu'un Pontife opiniâtre & prévenu (*Innocent* XI.)
affectoit à Rome pour l'Ambaſſa-
deur du Roi d'Angleterre.

Cette ſuite d'imprudences de la
part d'un Roi, qui n'étoit ni aſſez
aimé pour ſe les faire pardonner,
ni aſſez craint pour les faire diſſi-
muler, ni aſſez habile pour les réparer, anima contre lui quatre ſortes
d'ennemis tous dangereux, quoique par des principes différens. Les
Factieux, héritiers des projets &
des fureurs de Shaftsbury, ennemis comme lui de l'ordre, de la ſu-
bordination, du diadême. Les Fa-

natiques, qui ne voyoient de chemin pour aller au Ciel, que celui que Henri VIII & Elifabeth leur avoient tracé, & qui avoient pour le culte Romain une averfion qu'on n'a jamais vûe que dans ceux qui le connoiffent mal, ou qui ne le connoiffent point. Les Citoyens, qui accoûtumés à vivre fous l'empire des Lois, craignoient de vivre fous celui du Prince ; ils étoient affez bons Anglois, mais ils étoient mauvais Royaliftes. Les Mécontens, qui s'étoient vûs réduits à céder leurs places aux Catholiques, & qui cherchoient dans la révolte une fûreté, que la partialité de Jacques les avoit empêchés de trouver dans la foûmiffion.

Il paroît que les refforts les plus déliés ne l'auroient pas dû être trop, pour faire mouvoir à propos & sans confusion une machine si composée. On peut cependant douter si les Chefs qui réunissoient ces Partis, avoient des talens supérieurs.

L'Amiral Herbert aimoit précisément tout ce qui ne lui alloit pas ; le plaisir, & il étoit sombre ; les affaires, & il étoit négligent ; la société, & il étoit féroce ; la guerre, & il n'avoit point de vûes : Il se croyoit le premier homme de sa Nation, & la Cour le perdit, pour n'en avoir pas jugé si favorablement. Mylord Mordant étoit brave, impétueux, éloquent, généreux & singulier : il pensoit vîte, jugeoit de travers, ne savoit rien taire. Russel étoit une ame d'une forte trempe. Ses ennemis convenoient

que nul péril n'étonnoit son courage, que nul malheur n'ébranloit sa
fermeté, que nul contre-tems n'é-
puisoit ses ressources : On ne jugeoit pas si favorablement de sa
probité. Mylord Shrewsbury étoit
regardé comme un homme d'honneur & un honnête homme, quoiqu'il eût passé sa vie à changer de
Religion , & à chercher la véritable : tout savant qu'il étoit, il se
croyoit obligé à être aussi uni, aussi
doux , aussi politique que les autres hommes. Sidney avoit le cœur
trop sensible, l'esprit trop léger,
les manieres peut être trop caref-
santes : sa paresse lui faisoit précipiter les affaires que les autres préci-
pitent par imprudence ; un succès
qu'il falloit attendre n'étoit pas un
succès pour lui.

Tels furent les Seigneurs Anglois
qui oserent lever les premiers l'é-
tendart de la rébellion. Quelque
grand que fût le nombre de leurs
Partisans, l'Angleterre ne leur parut pas un théatre assez sur pour y
faire éclater d'abord leur vengeance ; ils porterent leurs mécontentemens chez les Hollandois , & en
confierent le secret au Prince d'O-
range.

Depuis long - tems l'ambitieux
Stathouder aspiroit au Thone de la
Grande - Bretagne ; Shaftsbury lui
avoit fait naître cette idée , ou du
moins l'y avoit affermi. On ne se
livra pourtant à ces espérances qu'à
proportion du jour qu'on vit à y
réussir. Le crime n'arrêtoit pas Guillaume, il étoit retenu par l'incerti-
tude de l'évenement. Il voyoit de

la póſſibilité dans cette entrepriſe : mais il étoit d'un caractere à ne s'y livrer que lorſqu'il l'auroit rendu infaillible. Les liens, qui l'uniſſoient au Monarque Anglois, ne devoient être rompus qu'avec des précautions infinies. Le ſuccès, il eſt vrai, pouvoit diminuer l'horreur de cet attentat : mais il falloit ou réuſſir, ou s'attendre à être la fable de l'Europe & l'exécration du genre humain. Les préparatifs pour amener cette uſurpation au point de maturité où on la ſouhaitoit, ſe faiſoient avec toute la vivacité, tout le ſecret, tout l'ordre poſſibles. Peu de gens, tous long-tems éprouvés, étoient employés. Les mouvemens qui agitoient les Etats deſtinés à l'invaſion, étoient doublement tournés au profit du Prince ; ſous

main il les appuyoit, & d'un autre
côté il offroit ſes ſoins & ſon bras
au Roi ſon beau - pere. Inſenſiblement l'orage qui ſe formoit contre
Jacques ſe trouva groſſi. Le nombre des mécontens fut bientôt plus
grand que celui des Sujets fideles.
Guillaume ſe vit comme aſſûré de
l'Angleterre, il travailla à s'aſſûrer
des Etats voiſins.

La France étoit la ſeule puiſſance de l'Europe qui prît un intérêt
bien vif à Jacques II. La révocation de l'Edit de Nantes, où la Religion ne gagna rien, & où l'Etat
perdit beaucoup, avoit extrèmement affoibli cette Monarchie ;
cependant il lui reſtoit encore aſſez
de forces pour appuyer ſes Alliés,
& pour donner de la jalouſie à tous
ſes voiſins. Cette grandeur, dont

l'éclat auroit dû être tempéré par la politique des Miniftres, fut exagérée par la flatterie des Courtifans. Il ne fe faifoit, il ne fe difoit rien à la Cour de Loüis XIV. que d'humiliant pour les autres Cours. Le Prince d'Orange, l'efprit le plus propre à l'intrigue qu'il y ait eu dans le dernier fiecle, n'eut pas befoin de tout fon talent, pour former dans ces circonftances une Ligue qui occupât les forces de la France, tandis qu'il exécuteroit fes projets contre l'Angleterre. Il ne falloit qu'un centre pour réunir tant de haines & de jaloufies ; il le devint, & il étoit propre à l'être.

Cette Ligue célebre fut compofée de l'Empereur Leopold, qui n'eut de paffions, de vertus & de talens, que ceux de fon Confeil :

Il ne mérita ni la gloire des évenemens heureux, ni la honte des in-
juſtices criantes qui ſe firent durant
ſon regne. Des Princes d'Allema-
gne, qui ſous le titre impoſant de
Souverains, n'étoient que les premiers Sujets de la Cour de Vienne.
Du Roi d'Eſpagne Charles II. qui
eut beſoin de faire un Teſtament
pour devenir célebre. D'Amedée
Duc de Savoye, dont les variations
éclairées & ſavantes ſuppoſoient
plus de politique que de probité.
Des Provinces-Unies, qui ne pouvoient être tranquilles, tandis que
leur Idole étoit en mouvement. Innocent XI. en y entrant indirecte-
ment précipita les Stuards du Throne. Comme Catholique, j'épargne la mémoire d'un Pontife, que
comme François & comme Hiſto-

rien je devrois peindre des couleurs les plus odieufes.

La Cour de France trembla dans cette occafion : mais elle ne trembla que pour le Roi d'Angleterre. Elle fit paffer à Londres le détail des projets du Prince d'Orange, & offrit des fecours fuffifans pour les renverfer. Jacques ne voyoit pas loin ; & Sunderland ne voyoit qu'avec des yeux infideles. Ce perfide & adroit Miniftre lui fit regarder comme chimérique le péril qu'on lui faifoit craindre ; ce Prince étoit à peine défabufé, lorfque fon ennemi parut fur les côtes. Guillaume ne trouva pas dans les peuples les difpofitions dont on l'avoit flaté, & qu'il y fouhaitoit. Peu d'Anglois le joignirent à fon arrivée , & il pouvoit être aifément accablé.

accablé. Il passa au moins pour in-
contestable que le Roi qui étoit à
la tête d'une belle armée, pouvoit
lui faire partager le péril.

Jacques, qui avoit manqué d'intelligence pour découvrir la consf-
piration, & d'activité pour la prévenir, manqua de fermeté pour la
surmonter. Il délibéra lorsqu'il falloit combattre ; il pensa à regagner
le cœur de ses Sujets, lorsqu'il falloit les.empêcher de se révolter ; il
voulut s'assûrer de la fidélité de ses
troupes, lorsqu'il falloit faire usage de leur valeur. Un air assûré auroit retenu dans le devoir ceux qui
avoient le plus de penchant à la rébellion, au lieu qu'un abbattement
excessif ébranla les plus fideles. La
contenance fiere & intrépide de
Guillaume acheva ce que la foi-

Partie II.   N

bleſſe de Jacques avoit avancé. On aima mieux le Prince qui ſe faiſoit craindre, que le Prince qui le craignoit. Les drapeaux de l'un furent mépriſés ; on ſe rangea en foule ſous les étendarts de l'autre. Le Roi ſe livra au déſeſpoir, non à celui qu'inſpire le courage, mais à celui qui eſt produit par la lâcheté, & qui l'augmente encore. Il abandonna ſans tirer l'épée un Empire, dans lequel il auroit dû régner ou périr ; il chercha un aſyle chez la Nation généreuſe, qui joüit de la brillante prérogative d'en accorder à tous les Souverains malheureux : mais il éprouva qu'il lui auroit été plus facile de conſerver ſes Etats avec ce qu'il avoit de troupes, que de les recouvrer même avec les forces du plus Grand Roi.

Tandis que Jacques alloit chercher en France un abri contre l'o-
rage, on prenoit des mesures pour
l'empêcher de rentrer jamais en
Angleterre. Les Pairs du Royaume
qui se trouverent à Londres, s'as-
semblerent avec les Magistrats de
cette Capitale, pour pourvoir au
Gouvernement. Guillaume fut prié
de s'en charger ; & il le fit jusqu'à
ce qu'une assemblée qu'il indiqua,
composée des deux Chambres,
eût tout réglé. Elle fut appellée
Convention, parce qu'il n'y a que
le Roi qui puisse convoquer un Parlement. On ne fut pas plutôt assemblé, qu'on agita l'odieuse &
dangereuse question, s'il y a un
Traité original entre le Roi & le
Peuple, si Jacques l'avoit rompu
par son administration despotique,

& fi fes Sujets n'étoient pas déliés du ferment de fidélité. Les Communes, qu'on avoit eu foin de compofer des efprits les plus Républicains & les plus Factieux , fe rangerent unanimement à l'affirmative fur ces trois points , la Chambre-Haute balança long-tems : mais enfin elle fe rendit , & le Throne fut déclaré vacant.

Plus on y penfe, moins on trouve de fageffe & d'équité dans une réfolution fi violente. En effet, quand il feroit vrai que les Souverains font l'ouvrage du peuple , en pourroient-ils pour cela devenir la victime ? La multitude ayant éprouvé les horreurs de l'anarchie, en a cherché la fin dans le facrifice de fa liberté ; ne feroit - elle pas en contradiction avec elle-même , fi

elle fe croyoit en droit de la recouvrer ? Dès qu'on fuppofe que la
puiffance fuprème a été cédée au
Monarque, il eft évident que la
Nation a perdu fes droits. On ne
nie pas qu'il ne puiffe arriver que
le Roi abufe de fon pouvoir contre
fes Sujets : mais ce malheur eft
beaucoup moins à craindre que la
confufion, qu'entraîne le parti contraire. Le remede feroit toûjours
infiniment plus dangereux que le
mal. L'anarchie eft mille fois plus
funefte que le defpotifme.

Ce que je dis me paroît fi évident, que je n'ai jamais pû croire
que des hommes, qui ne font pas
fans lumieres, & qui fe difent Philofophes, n'aient pas apperçû la
folie qu'il y a à foûmettre la conduite des Rois aux caprices de la

multitude. Des Miniſtres nourris dans les détours de la politique, ont bien de la peine à ſuivre le fil des affaires publiques ; & on veut que des Citoyens obſcurs, ſans lumiere & ſans expérience, puiſſent connoître des intrigues du cabinet, des évenemens d'où dépendent la gloire & le ſalut de l'Etat. Le Souverain, qui pour pouvoir réuſſir dans ſes projets a dû les tenir ſecrets, ſera condamné par des Sujets remuans, auxquels il n'a pas dû faire connoître les motifs qui le faiſoient agir. Qu'un Roi échoue dans une entrepriſe ſage, néceſſaire, bien concertée & bien conduite, le peuple qui juge toûjours ſur les apparences & par les évenemens, le croira indigne du Throne, & l'en précipitera.

C'eſt un inconvénient, il eſt vrai, que les lois ſoient impunément violées par le Prince deſtiné à les protéger. Mais ſi chaque particulier a le droit d'en prendre la défenſe contre l'autorité Souveraine, le Gouvernement ſe trouvera ſans point fixe, & la politique ſans principes ; les révoltes ſeront légitimes, & les révolutions continuelles. Toutes les fois qu'une partie du peuple s'imaginera que l'Etat n'eſt pas conduit avec autant de ſageſſe & de bonheur qu'il le peut être, elle ſe croira en droit de prendre les armes pour réformer ce qui lui paroîtra mal. Les eſprits hardis & factieux trouveront chaque jour de nouveaux prétextes, pour exciter ou pour fomenter des troubles, qui leur donneront du crédit, tout au moins de la célébrité. Le monde entier sera un cahos horrible, qu'il sera impossible de débrouiller. Les sociétés se trouveront sans subordination, les Empires sans regle, les Rois sans autorité.

Ces réflexions sont trop sensibles, pour avoir échappé à tous les membres de la Convention. Comment se peut-il donc faire, que personne n'ait eu le courage de les proposer, quoiqu'il y eût bien des Royalistes dans cette assemblée ? C'est une énigme que les admirateurs de la liberté & de la générosité Angloise ne devineront pas sans peine. Après tout, la dégradation de Jacques II. faisoit naître plus de difficultés, qu'elle n'en terminoit. On se trouva engagé dans un labyrinthe tortueux & difficile, tou-

chant l'établiffement d'une nouvelle forme de Gouvernement.

Les Anglicans rigides opinoient
avec chaleur pour le rappel du Monarque errant. Ils confentoient
pourtant à la diminution de l'autorité Royale: mais l'air chagrin avec
lequel ils faifoient cette injuftice,
annonçoit qu'ils la laifferoient durer le moins qu'ils pourroient. Les
défenfeurs de ce fentiment fe trou-
vant trop foibles pour prévaloir,
fe joignirent à d'autres qui médi-
toient de mettre la Couronne fur
la tête du Prince de Galles.

De tous les partis injuftes qu'on
pouvoit prendre, c'étoit vifiblement le moins mauvais. Le jeune
Prince avoit un droit évident au
Throne, dès qu'une fois on le fup-
pofoit vacant. Le droit héréditaire

a toûjours paffé pour une loi fon-
damentale de la Monarchie Angloife ; & cet ufage a été fi fort ref-
pecté dans tous les tems, qu'il n'a
jamais éprouvé de contradiction.
Il eft vrai que la fucceffion à la Couronne y a fait verfer des torrens de
fang : mais les guerres ne parta-
geoient pas les Rois & les peuples.
Des Princes du Sang Royal s'arra-
choient le Sceptre, parce que chaque Contendant prétendoit être
l'héritier légitime du dernier Roi.
Les Chefs de la Faction qui pour-
fuivoient avec fureur l'infortuné
Jacques, avoient prévû cet obfta-
cle, & avoient pris de fort loin des
mefures pour le lever. Ils avoient
répandu dans le public la fuppofi-
tion du Prince de Galles. La calomnie toute audacieufe qu'elle eft, ne

put parvenir à donner la moindre vraiffemblance à cette impofture; cependant on fe fervit du ridicule doute qu'on affectoit, pour agir à l'égard du légitime héritier du Throne, comme s'il n'exiftoit pas.

Cette réfolution venoit de mettre les efprits en mouvement, lorf-qu'ils furent calmés tout-à-coup, par une propofition qui fut faite à l'Affemblée, d'établir une Régence. Cette ouverture fut reçûe avec des tranfports. Prefque tous les Pairs, & beaucoup des Députés des Communes, trouvoient que cet arrangement mettoit à couvert les droits du Diadème, & l'honneur de la Nation. C'étoit feulement une injuftice perfonnelle à l'égard du Prince qu'on déclaroit par-là incapable de gouverner. Guillaume vit l'inftant où ce parti alloit prévaloir. Alors il leva le mafque, & déclara aux Factieux que fi on ne lui donnoit des marques de reconnoiffance qui puffent lui convenir, il repafferoit la mer, & les abandonneroit à la vengeance du Roi qu'ils avoient déthroné.

Cette déclaration infpira de l'audace aux ennemis fecrets de la Royauté. Héritiers des fureurs de Cromwel & de Shaftsbury, ils n'avoient jamais perdu de vûe le plan d'une République. Le tems d'en jetter les fondemens leur parut arrivé. Ils propoferent de rendre le Throne électif, pour trouver dans la fuite plus de facilité à l'abbatre. Le Prince d'Orange qui voyoit trois têtes fur lefquelles la Couronne auroit dû paſſer avant que de venir orner légitimement la ſienne, appuyoit ſecretement cette opinion de tout ſon crédit. Cependant elle n'eut que peu de Partiſans ; & l'indignation publique fut ſi marquée, qu'il fallut recourir à un autre expédient. On en chercha un enfin, qui fixa des irréſolutions qu'on déſeſpéroit preſque de voir finir.

Le Prince & la Princeſſe d'Orange furent conjointement placés ſur le Throne en qualité de Roi & de Reine : mais on laiſſa indécis ſi le Prince y étoit appellé par voie d'élection, ou s'il y parvenoit ſimplement du chef de ſa femme. On ajoûta que ſi Guillaume ſurvivoit à Marie, il continueroit à régner au préjudice d'Anne ſeconde fille de

Jacques ; & qu'en cas que cette Princesse vînt à mourir sans laisser d'enfans, la Couronne retourneroit à ceux du Prince, s'il en avoit d'un second lit. Après cela la convention fut changée en Parlement par le nouveau Monarque ; & tout ce qui avoit été fait, y fut confirmé solemnellement. Dans la suite, le Parlement poussa plus loin son usurpation. Il enveloppa dans les malheurs des Stuarts, tous les Princes Catholiques qui pouvoient avoir des droits au Diadème. La Religion fit sacrifier la Maison de Savoye à celle de Hanovre, qui étoit plus éloignée du Throne ; & la Couronne de la Grande-Bretagne fut irrévocablement fixée sur la tête des Protestans. Guillaume survécut peu à cet arrangement. La mort termina ſes jours , lorſqu'il faiſoit ſes préparatifs pour arracher à la Maiſon de Bourbon, la ſucceſſion de la Monarchie Eſpagnole.

Je ne craindrai point d'avancer que la flaterie plus que la vérité, a tracé tous les portraits qu'on nous a donnés juſqu'ici de ce Prince célebre. Ses ennemis mêmes ſe ſont laiſſés entraîner par le torrent, & ont copié ſans diſcernement ce qui avoit été haſardé par ſes penſionnaires. Il fut la preuve que le bonheur ſe mêle des réputations comme des fortunes, & qu'un Roi médiocre peut joüir de la plus brillante réputation dans l'Hiſtoire. Juſtifions cette eſpece de paradoxe, par des traits empruntés de ſes propres Panégyriſtes. Sa phiſionomie prévenoit en ſa faveur, mais ſes ma-

nieres le trahiſſoient ; il les avoit
fieres, auſteres, rebutantes, mêlées
malgré cela d'un air de fineſſe toûjours mauvais , quoique la fineſſe
même ſoit ſouvent utile. Il parloit
peu & déſagréablement ; c'étoit le
réſultat de ſon éducation , de ſon
indolence, de ſa fierté. La diſſimulation, à laquelle on l'avoit accoûtumé dans ſa jeuneſſe , lui fut quelquefois auſſi funeſte qu'avantageu-
ſe : ſi les Hollandois l'honorerent
du nom de ſageſſe , les Anglois la
déteſterent comme défiance. Il eut
plus de pénétration pour connoître les hommes, que de talent pour
les gagner ; l'inflexibilité de ſon caractere ne lui permettoit pas de ſe
plier à leurs goûts, à leurs vûes, à
leur génie. On ne peut pas avoir
moins d'invention, ni plus de diſcernement

cernement qu'il en avoit; il imaginoit mal, mais il jugeoit bien. Son
esprit n'avoit pas assez d'étendue
pour embrasser plusieurs objets ; &
il ne parvint à connoître les différentes Cours de l'Europe , qu'en
ignorant l'intérieur des Etats qu'il
étoit chargé de conduire ou de
gouverner. Le grand art des Souverains, l'art de former les hommes lui fut tout à-fait inconnu ; les
talens sous son regne ne donnoient
nul droit aux honneurs, ils étoient
décernés par l'humeur & par le caprice ; ce Prince cherchoit moins
des Miniſtres habiles que des Courtiſans soûmis. Il porta la prévention pour ou contre auſſi loin qu'elle pouvoit aller, & une premiere
impreſſion ne fut jamais effacée, il
aimoit ou il haïſſoit, il eſtimoit ou

Partie II.   O

il méprifoit fans retour. La guerre ne fut pas fon côté brillant. Il ne forma prefque point de fiége qu'il ne levât, ne donna point de bataille qu'il ne perdît, ne fe mefura avec aucun Général fans en être battu : c'eft avoir fini fon éloge militaire, que d'avoir dit qu'il fut brave ; encore l'étoit il moins par Héroïfme que par Religion , il étoit Prédeftinatien. Ses fuccès ne prouvent pas autant qu'on le prétend , l'étendue de fon génie : le hafard feul le fit Stathouder ; l'irréfolution de Jacques II. le plaça fur un Throne, où il fe repentit plus d'une fois d'être monté. De l'aveu de tous les Anglois, il y montra une grande inapplication , beaucoup d'humeur , & très-peu de capacité. Sa haine contre la France lui tint

lieu de tous les talens ; elle le fit
l'ame d'une puissante ligue, lui attacha tous les ennemis de Louis le
Grand, & lui donna tous les réfu-
giés pour Panegyristes.

IX. ÉPOQUE.

Union des Parlemens d'Angleterre & d'Ecosse sous le nom de Parlement de la Grande-Bretagne, par les soins de la Reine Anne en 1707.

GUILLAUME emporta dans le tombeau la confolation de croire qu'il regneroit même après fa mort; & que fes vûes, celle de l'union de l'Ecoffe avec l'Angleterre en particulier, regleroient les démarches de la Cour de Londres. Ces deux Royaumes connus fous le titre de Grande - Bretagne, depuis que la Couronne d'Angleterre étoit paffée fur la tête des Stuarts, n'étoient pourtant réunis que de nom. Un même Roi, il eſt vrai, les gouvernoit : mais ils avoient des loi particulieres. La concurrence produiſit bientôt ſon effet ordinaire. Le peuple le plus puiſſant travailla à étendre ſes droits, & le plus foible à conſerver les ſiens.

Jacques I. avoit imaginé d'éteindre par la réunion des deux Nations, des animoſités, qui quoique très-anciennes, étoient auſſi vives que ſi elles n'euſſent fait que de naître. Les deux Parlemens entrerent d'abord avec vivacité dans ce plan. Quelques incidens qu'on n'avoit pas prévûs refroidirent un peu les eſprits. Inſenſiblement le caractere incertain du Prince devint celui de tous ceux qu'on avoit choiſis pour remuer les reſſorts d'une négociation qui avoit des difficultés. On oublia cette grande affaire. Il fut arrêté pourtant que les actes d'hostilité cesseroient sur les frontieres ; que les Ecossois auroient droit de naturalité en Angleterre, & les Anglois en Ecosse ; que le commerce seroit libre entre les deux Royaumes. Ce dernier article déplut aux Anglois, & il ne passa point.

Les choses resterent dans cet état jusqu'à l'usurpation de Cromwel. Ce Tyran n'imagina pas de meilleur moyen pour affermir son autorité naissante, qu'un Traité de confédération entre l'Angleterre & l'Ecosse qui fut accepté. Il dura jusqu'à ce que les Ecossois, ayant par un retour de vertu pris les armes en faveur du fils dont ils avoient vendu le pere, furent défaits à Worcesser, & réduits ensuite à l'obéissance de l'usurpateur. Ce grand politique profita des droits & des priviléges des Conquérans, pour imposer son joug aux vaincus. Il incorpora l'Écosse comme l'Irlande à la République qu'il avoit formée en Angleterre : les trois Royaumes furent gouvernés par un même Parlement.

Le rétablissement de la Monarchie rendit à chaque Nation ses anciens droits. L'autorité légitime ne crut pas pouvoir tenter avec bienséance de maintenir une union qui étoit l'ouvrage de l'usurpation. Charles II. entreprit dans la suite de renouveller cette forme de Gouvernement, pour pouvoir établir plus aisément le pouvoir arbitraire : mais il éprouva que ce qui avoit été facile à Cromwel , lui étoit impossible. Il ne fut ni assez adroit pour aveugler les Ecossois , ni assez puissant pour les intimider. On sortoit des guerres civiles où les esprits s'étoient éclairés, & les cœurs affermis. Chacun dans ce tems de trouble s'étoit instruit des intérêts publics, & s'étoit accoûtumé à prodiguer son sang pour les soûtenir. Il étoit arrivé à l'Ecosse ce qui arrive à tous les Etats agités par des discordes domestiques ; il s'y étoit formé un peuple de Citoyens , de Politiques & de Héros.

Cet amour, ce zele pour la Patrie, se trouverent refroidis au tems de l'invasion du Prince d'Orange. Les Ecossois ne parurent pas seulement disposés à souffrir l'union ; ils s'abaissoient en quelque sorte à la demander. De fâcheux contre-tems, des mesures mal prises, & je ne sai quel refroidissement de la part des Anglois, firent avorter ce projet. Le Roi Guillaume voulut renoüer quelques années après une affaire si importante, mais les circonstances n'étoient plus les mêmes. Les Ecossois irrités des mauvais traitemens qu'ils avoient reçûs des Anglois à l'occasion de leur établissement de Darien, rejetterent fierement toutes les propositions qui leur furent faites. On travailla sans succès à les calmer. Le Prince vit enfin qu'il ne pouvoit plus rien pour ce grand ouvrage, que d'en faire sentir l'utilité à la Princesse de Danemark qui lui succédoit.

La nouvelle Reine auroit craint de trop hasarder, si elle avoit en-

trepris avec une autorité naiſſante
une affaire, où des Rois affermis
ſur le Throne par un long regne,
avoient échoüé. Elle crut devoir
attendre que des ſuccès éclatans &
des ſervices réels, lui euſſent donné ſur l'obéiſſance ou ſur l'amour
de ſes peuples, des droits que le
Sceptre n'y donne pas toûjours.
Les malheurs inoüis & preſque incroyables de la France, préparé-
rent cet évenement.

Cette Couronne, qui pendant
plus d'un demi-ſiecle avoit fait la
deſtinée des Nations, ſe trouvoit
dans un état d'humiliation qui ſembloit annoncer ſa ruine. Ses armées
toûjours aguerries, toûjours triom-
phantes, toûjours invincibles, n'é-
toient plus que des corps monſ-
trueux ſans diſcipline, ſans intelli-

gence. Ses Généraux dont le nom
feul avoit infpiré la terreur & l'admiration, fe voyoient le joüet de
leurs ennemis & de leurs foldats.
Ses frontieres, qui n'avoient, pour
ainfi dire, jamais vû l'ennemi,
étoient foulées, ravagées, conqui-
fes. Ses Ambaffadeurs accoûtumés
à parler en Souverains dans la plûpart des Cours de l'Europe, s'a-
baiffoient aux plus humiliantes fup-
plications ; & on ne daignoit ni les
voir ni les écouter. Ses flotes qui
avoient enlevé l'empire de la mer
aux induftrieux & fuperbes Rois de
cet élément, s'étoient comme fon-
dues, & ne fuffifoient pas même
pour affûrer fon commerce. Ses
reffources qu'on avoit cru inépui-
fables, fe trouvoient taries : fes fi-
nances étoient fans ordre, fes terres

fans laboureurs , fes manufactures fans ouvriers ; le Royaume entier étoit livré à l'avidité du Partifan, qui en achevoit la ruine. Le Miniftere déconcerté par des malheurs fans exemple, qu'il n'avoit pas eu l'habileté de prévoir, ou le bonheur de prévenir, faifoit quelque chofe de plus funefte , que de prendre un mauvais parti, il n'en prenoit point : dans l'impoffibilité de remédier à tout , il ne remédioit à rien. Le regne de Loüis XIV. qui avoit commencé par des prodiges de grandeur & de gloire, finiffoit par des prodiges d'abaiffement & d'humiliation.

Quoique les revers qu'éprouvoit la France, fuffent l'ouvrage de tous les peuples qui étoient entrés dans l'injufte & odieux projet de déthroner Philippe V. Malborough avoit eu l'adreſſe de s'en approprier preſque toute la gloire.

Ce Général, le plus fameux qu'ait eu la Nation depuis pluſieurs ſiécles, avoit été introduit d'abord à la Cour par Mademoiſelle Churchill ſa ſœur maîtreſſe du Duc d'Yorck. Sa bonne mine le rendit agréable à la Ducheſſe de Clevelande, qui régnoit ſur le cœur & dans les conſeils de Charles II. Dans la ſuite, il eut l'adreſſe de devenir le Favori du Roi Jacques. Il trahit ce Prince infortuné, & occupa la même place auprès de l'uſurpateur. Guillaume témoin de ſa conduite durant la guerre d'Irlande, dit publiquement, qu'il n'avoit jamais vû perſonne qui eût moins d'expérience & plus de talent pour commander une armée. Le Monarque lui ôta depuis sa confiance, sans lui ôter son estime ; & en mourant, il conseilla à la Princesse Anne de s'en servir comme d'un homme, *qui avoit la tête froide & le cœur chaud.*

Les Anglois se trompent ou cherchent à nous tromper, quand ils disent que Malboroug a réuni la valeur de Condé, l'habileté de Turenne, le bonheur de Luxembourg. Sans l'égaler à César comme font ses Panégyristes ; on peut dire au moins qu'il fut un grand homme. Sa valeur étoit tout-à-fait héroïque, & se faisoit remarquer chez une Nation qui ne sauroit être intimidée que par quelque chose de plus affreux que la mort même. Ses soldats ne comptoient

jamais l'ennemi ; forts ou foibles ,
ils ne demandoient qu'à combattre : il leur avoit persuadé qu'il ne
pouvoit être vaincu ; & cette per-
suasion le rendit en effet invincible.
De deux guerres, l'offensive & la
défensive, il ne sût que la premiere : tout occupé du soin d'attaquer,
il ne le fut jamais de celui de se défendre ; s'il eût eu en tête un rival
qui eût sû démêler son caractere , il
auroit été souvent surpris & battu.
Il hasarda des démarches qui le firent soupçonner de témérité ; ses
succès firent son apologie. Quelques Généraux même de son tems
eurent peut-être des lumieres plus
étendues ; personne ne les eut plus
sûres. Il cherchoit des conseils dans
ses subalternes ; & s'il leur en attri-
buoit rarement la gloire, du moins

leur procuroit-il la confolation de les voir fuivis quand ils étoient bons. Le coup d'œil, qui eft la partie effentielle d'un Général, il l'avoit admirable : dès qu'il avoit regardé une armée, des retranchemens, une place, il en connoiffoit le fort & le foible, la bonne ou la mauvaife difpofition. Deux avantages confidérables l'empêcherent de faire beaucoup de fautes ; il étoit le maître des opérations, & il connoiffoit parfaitement le théatre où fe faifoit la guerre. Il fut humain quoique conquérant ; & il montra un talent égal pour gagner les cœurs & pour prendre les Villes. Ses triomphes eurent encore moins d'éclat que d'utilité : affez d'autres Généraux ont fû vaincre ; je n'en connois point qui aient mieux profité

fité que lui de leurs victoires. Il fervit également la grande alliance de fes confeils & de fon épée ; on peut dire qu'il en étoit l'ame ; & le Prince Eugene plus grand homme que lui, fut forcé de fe contenter du fecond rôle. Il fembloit qu'il fût refervé au feul Malborough d'humilier la France ; les malheurs de cette Couronne commencerent dès qu'il parut à la tête des armées, & finirent dès qu'on l'en eut retiré. Les loüanges, qu'il a forcé fes ennemis à lui prodiguer, ont fini fon éloge. On parloit un jour de fon avarice, & on en citoit des traits fort marqués, fur lefquels on appelloit au témoignage de Milord Bolingbrook, qui ayant été d'un parti contraire, pouvoit dire peut-être avec bienféance ce qu'il en fa-

Partie II.   P.

voit : *C'étoit un si grand homme*, ré-
pondit-il, *que j'ai oublié ses vices.*

Les victoires de Malborough
procurerent à la Reine Anne une
autorité que n'avoient pas eu ses
prédécesseurs. Les trois Nations,
qui composoient la Monarchie Angloise, parurent déterminées à se
livrer sans réserve aux vûes d'une
Princesse, qui ajoûtoit tant d'éclat
à la Couronne qu'elle portoit. Ces
dispositions furent saisies avec vivacité, pour renoüer l'union de l'E-
cosse avec l'Angleterre. La propo-
sition en fut faite dans l'ivresse des
succès inespérés & incroyables de
1706. Les noms si chers aux Anglois de Barcelone, de Turin, de
Ramillies, abrégerent les formali-
tés. Le choix des Commissaires des
deux Nations chargés de conduire

cette grande affaire , fut fait par la Reine avec beaucoup de bonheur & d'habileté.

Les Anglois qui étoient au nombre de trente , vouloient tous l'union ; les uns , parce qu'ils ne pouvoient se dispenser d'appuyer les vûes de la Cour dont ils étoient pensionnaires ; les autres, pour voir s'éteindre insensiblement les haines qui avoient si long - tems inondé de sang les deux Etats ; un grand nombre dans l'espérance de réaliser la brillante chimere dont ils se flatoient, d'établir une République. Ils imaginoient que les Rois persécutés en Angleterre, ne trouveroient plus d'asyle chez les Ecossois unis aux Anglois par les liens communs d'un même intérêt. Le Comte de Godolphin , qui avoit le sens droit

& l'humeur toûjours égale, n'eut pas besoin de beaucoup d'adresse pour conduire ce parti.

Le Comte de Stairs, qui étoit à la tête de la Commission d'Ecosse, avoit un personnage bien plus difficile à soûtenir. Ce mauvais Citoyen, dont la politique étoit sûre & profonde, détermina la Reine à choisir pour Commissaires Ecossois, les Seigneurs de cette Nation les plus connus par leur opposition à l'union & à la Cour. Il partoit d'un principe singulier, mais sublime. Des Commissaires, disoit-il, agréables au ministere, sont odieux à la Nation, & n'entraîneroient jamais les suffrages de la multitude ; au lieu que ceux qui sont connus par leur opposition à la Cour, & que le peuple regarde comme ses protecteurs, peuvent être gagnés ; qu'ils le feront infailliblement, & qu'ils feront tomber le Parlement d'Ecoſſe dans leurs ſentimens.

Ce que Mylord Stairs avoit pré- vû, arriva. Les Commiſſaires fu- rent ſéduits par les moyens que tout le monde ſait ou que tout le mon- de devine. Ce premier ſuccès don- noit des eſpérances, mais au fond il ne finiſſoit rien. Il falloit que ce qui avoit été arrêté par le Comité fût approuvé dans les deux Parle- mens ; & il n'étoit pas aiſé d'obte- nir cette démarche de celui d'E- coſſe. Les Commiſſaires devenus penſionnaires de la Cour, qu'ils continuerent à décrier pour la mieux ſervir, y travaillerent avec ſuccès. Les raiſons qu'ils appor- toient au Parlement, pour lui faire approuver l'union, avoient quelque chose d'affez inpofant.

Ils repréfenterent avec force, que les difcuffions qui avoient bouleverfé plus d'une fois les deux Royaumes, étoient trop récentes, pour qu'on ne dût pas fe prêter avec zele à des arrangemens qui affûroient la paix entr'eux : que cette union donneroit à la Grande-Bretagne un afcendant qu'elle n'avoit pas eu jufqu'alors , & la rendroit en quelque façon l'arbitre de l'Europe : que l'Ecoffe bornée à un commerce vil & peu lucratif, partageroit avec l'Angleterre , celui des Colonies & du refte du monde: que fous le nouveau Gouvernement, les Ecoffois feroient fi favorifés , qu'ils ne contribueroient aux Charges publiques que d'un qua-

rantieme, & qu'ils auroient la on-
zieme partie du Pouvoir Légiflatif:
qu'on donneroit à l'Ecoffe des fommes fuffiantes, pour payer fes
dettes, & pour encourager fes Manufactures. Ces offres, foûtenues
de tout ce qui pouvoit leur donner du poids, firent beaucoup de
partifans à l'union ; mais parce que
la Cour ne fe trou.a pas affez riche
pour acheter tout ce qui vouloit fe
vendre, il y eut auffi un grand
nombre d'oppofans.

Ceux-ci firent éclater leur indignation contre un projet qui leur
alloit ravir leur Souveraineté, leurs
lois, leur honneur, leurs droits,
leur indépendance. Tout leur annonçoit que leur Patrie alloit devenir Province d'un Etat, dont elle
avoit toûjours été la rivale. Ils

traverſerent l'union par des motifs différens : les Jacobites, parce qu'elle les obligeoit à reconnoître la ſucceſſion à la Couronne héréditaire dans la Maiſon d'Hanovre : les Preſbytériens , parce qu'ils craignoient pour leur Religion : le Comte de Hume & ſes amis , parce qu'ils étoient véritablement Citoyens : un grand nombre , parce qu'ils cherchoient à ſe venger de la Reine qui les avoit offenſés en les négligeant , ou en les recherchant avec moins d'empreſſement que quelques autres.

Pour rendre ces paſſions utiles , il eût fallu les réunir ; & malheureuſement il ne ſe trouva perſonne qui en fût capable. Chaque branche de ce parti agit toûjours ſéparément, & ſuivit ſes vûes particulieres. Les uns auroient bien consenti à une confédération pareille à celle des Provinces - Unies & des Cantons Suisses, où l'union ne consiste que dans la dépendance d'une même Souveraineté, & dans un concours mutuel pour sa défense : mais l'incorporation leur paroissoit honteuse. Les autres détestoient toute union avec l'Angleterre, quelque avantageuse qu'elle pût être ; mais ils manquoient de résolution, & ils craignoient encore moins l'esclavage que la guerre. Ceux-ci ne parloient que d'exterminer les tyrans & les traîtres, les Commissaires qui avoient vendu l'Ecosse, & les Anglois qui l'avoient achetée, le peuple étoit déclaré pour ce sentiment. Ceux-là mettoient plus de modération dans leur vengeance, ils n'étoient pas ennemis des partis extrèmes, mais ils ne vouloient pas éclater inutilement : & l'impossibilité, où se trouva la France de les soûtenir, les détermina à subir le joug. En général les opposans n'eurent jamais de point fixe ; d'où il arriva qu'on leur arracha en détail ce qu'ils n'auroient jamais accordé d'une autre maniere : on les amena par degrés à adopter le projet d'union tel qu'il avoit été formé.

Les principaux articles de cet acte si cher aux Anglois, ſr odieux aux Ecossois, étoient que les deux Royaumes n'en feroient plus qu'un sous le nom de Grande-Bretagne, à commencer au mois de Mai de l'an 1707. Qu'un même Roi pris dans la Maison d'Hanovre regne-

roit également fur toutes les par-
ties du nouvel Empire ; qu'il n'y
auroit qu'un Parlement qui tien-
droit fes Séances en Angleterre,
où l'Ecoffe envoyeroit fes Députés , qui dans la Chambre des Pairs
& à rang égal feulement , céde-
roient le pas aux Anglois , & où
tout feroit décidé à la pluralité des
voix , quoique l'Ecoffe fe fût réduite à feize Pairs & à quarante-
cinq Députés, au lieu que le nombre des autres n'étoit limité que
dans les Communes.

La ratification de ce fameux Traité ne fut pas plutôt devenue publique , que l'indignation générale fit
craindre qu'on n'eût travaillé inutilement. Les efprits parurent auffi
oppofés à l'union , que fi on n'a-
voit pas ufé de ménagemens infinis

pour les y préparer. De tous côtés on courut aux armes. Si la Nobleſſe avoit réglé les mouvemens du peuple & appuyé ſes mécontentemens, il y a apparence que l'Ecoſſe auroit évité le joug, & qu'elle joüiroit encore du crédit qu'elle avoit autrefois dans l'intérieur de l'Iſle , & de la conſidération que lui accordoient les Etrangers. Malheureuſement elle éprouva ce qui accélere toutes les révolutions, qu'on eſt moins Citoyen à meſure qu'on eſt plus obligé à l'être, & que ceux que la Patrie récompenſe le plus, ſont ceux qui la ſervent le moins. Il eſt vrai que les Grands révoltés par l'oubli où on les laiſſoit, joignirent depuis leurs reſſentimens au zele de la multitude : mais la trahiſon avoit découvert ces intri-

gues, & l'autorité diffipé ces complots, lorfque les fecours, que le
Prétendant amenoit de France, fe
firent voir inutilement fur les côtes
d'Ecoffe. Cette entreprife qui pouvoit ruiner l'union, l'affermit. Elle
en fit connoître les ennemis, &
fournit des prétextes pour les accabler. Ce grand ouvrage n'éprouva
dans la fuite que peu de contradictions. L'état d'anéantiffement
où il réduit chaque jour les Ecoffois, lui en fera encore moins éprouver à l'avenir. L'Angleterre profita
de ces pertes, & on peut affûrer
que l'union lui a été plus avanta-
geufe que tous les prodiges du regne de la Reine Anne.

Cette Princeffe offrit aux yeux
des Anglois un fpectacle auquel ils
n'étoient pas accoûtumés : une Rei-

ne l'ame d'une puissante Ligue, &
l'arbitre des destinées de l'Europe;
une suite de victoires, dont rien
n'interrompit le cours pendant
neuf années : la terreur & la gloire
des armes Angloises portées jus-
ques sur les bords du Danube :
l'Empereur affermi sur un Throne
ébranlé par des fautes & par des
disgraces : toutes les Couronnes
de Charles-Quint deux fois chan-
celantes sur la tête de l'Héritier
légitime : l'Empire de la mer &
la supériorité du commerce assû-
rés à la Grande-Bretagne par des
Conquêtes ou par des Traités : la
France réduite à acheter par des
cessions considérables la paix, dont
elle étoit dans l'usage de prescrire
les conditions : la Monarchie Es-
pagnole forcée de partager ses Pro-

vinces avec une Puiſſance , & ſes
thréſors avec une autre : l'Angleterre augmentant ſes richeſſes parmi les troubles & les dépenſes de
la guerre : les factions les plus violentes & les plus adroites étouffées
ou aſſoupies , ſans qu'il en coûtât
de ſang à la Nation , ni même que
ſa tranquillité fût altérée.

Quand on approfondit un peu
le caractere de la Reine Anne , on
ne peut s'empêcher de faire honneur à ſes Miniſtres d'une partie
de ces évenemens. Cette Princeſſe
paroiſſoit également éloignée & de
les ſouhaiter , & de les préparer ,
& d'en profiter. Elle pouſſoit ſi
loin la modération, que les flate-
ries de ſes Courtiſans, ni les ſuccès de ſes Généraux ne lui inſpi-
rerent jamais d'ambition. Sa bon-

té fut unique : on ne la vit jamais fatiguée par les demandes, ou épuisée par les bienfaits. Je ne fai quelle timidité lui faifoit craindre les actions d'éclat, & elle joüoit toûjours à regret le perfonnage de Souveraine. Sa douceur lui fit des cenfeurs & des partifans : elle fupporta les outrages de plufieurs de fes Sujets avec une infenfibilité qui honore le Throne felon les uns, qui le dégrade felon d'autres. On lui a reproché d'avoir fuivi aveuglément les vûes de fon Confeil, & d'avoir fouvent trop donné aux volontés de fes Miniftres ; il feroit difficile de combattre cette accufation. Elle pouffa l'amour & la complaifance pour le Prince de Danemarck fon époux, jufqu'à faire avec lui un ufage trop fréquent de quelques

ques liqueurs : ce goût qui n'étoit
ni de son sexe ni sa dignité, abré-
gea ses jours, & ternit sa gloire.
On peut douter si Anne fut une
Grande Reine : mais il est certain
que son regne a été des plus glorieux.

Xme ET DERNIERE EPOQUE.

Etat actuel du Parlement.

IL ne suffit pas, pour connoître parfaitement le Parlement d'Angleterre, de savoir dans quelles circonstances il s'est formé, & par quelles heureuses révolutions il est parvenu au degré d'autorité dont il joüit ; il faut encore être instruit d'un certain détail, qu'on peut appeller le Méchanisme de cette Assemblée. C'est sans doute la partie la moins agréable de mon Ouvrage, mais c'en est une partie essentielle. Il seroit toûjours ennuyeux & souvent impossible de remonter à l'origine, & de marquer les variations des différens usages qui ont régné dans le Parlement ; on aimera mieux ne trouver ici que ceux qui s'observent aujourd'hui.

(*a*) Le Parlement d'Angleterre est une Assemblée de la Noblesse, du peuple & du Roi même qui y préside si essentiellement, que sans cela elle n'est point Parlement, n'en peut prendre le nom, & n'en a pas l'autorité. On sent qu'un tel Gouvernement est nécessairement un Théatre inconstant, où les décorations doivent changer plus souvent qu'ailleurs. On y voit régner trois différens intérêts, soûtenus par trois puissances différentes, avec toute l'aigreur, tout le fracas, toute l'opiniâtreté des plus violentes passions. Il ne se fait point en-

______

(*a*) Qu'est-ce que le Parlement ?

tre les divers ordres de l'Etat une circulation qui les uniroit. Le Prince n'eſt jamais forcé par les lois à rentrer dans l'ordre des Citoyens ; & les Pairs ont leurs prérogatives particulieres, & diſtinguées de celles des Communes. Dès-lors le Roi ſe regarde comme Roi, la Nobleſſe comme Nobleſſe, le peuple comme peuple : à peine quelqu'un a-t'il le courage d'être Anglois & Citoyen. Il feroit naturel de penſer que cette multitude de Légiſlateurs repréſentât au moins avec dignité. Il eſt pourtant vrai que les Séances ſe paſſent à plaiſanter indécemment ſur de grandes affaires, ou à diſcourir gravement ſur de petites ; à faire l'éloge de ſon parti, ou à invectiver contre la Faction oppoſée ; à ſe calomnier & à ſe juſtifier.

Pour un évenement important qui s'y passe, on y donne cent scenes singulieres & bisarres. On a vû en 1693. un des Oracles Anglois conclurre sa harangue, en disant, *qu'il espéroit de voir avant la fin de l'année le Roi de France se présenter à la Barre, & demander à genoux la paix au Parlement.*

(a) Nous venons de voir ce que c'est que le Parlement ; voici maintenant ses droits. Le Roi sans ce grand Corps ne peut, ni abolir les Lois anciennes, ni en faire de nouvelles, ni interpréter les obscures, ni mettre des impôts ou déterminer la maniere de les lever, ni légitimer les bâtards ou naturaliser les étrangers, ni régler les poids & les mesures, ni introduire des trou-

(a) Quelle autorité a le Parlement ?

Q iij

pes étrangeres dans le Royaume; ni faire grace à ceux auxquels les Communes ont donné un *Attein-der*. Dans tout le reste l'autorité d'un Roi d'Angleterre a autant d'étendue que celle d'aucun autre Souverain. Encore, s'il est né pour régner, trouve-t'il dans sa place ou dans son génie des moyens presque infaillibles d'obtenir ce que les Lois lui ont refusé : *Toutes les voix du Parlement sont vénales*, disoit un homme sincere à Walpole ; *& j'en ai le tarif*, ajoûta ce célebre Ministre. Le Prince, disoit le Lord Haversham, a une voie plus facile encore & plus courte pour se rendre absolu : il n'a qu'à prononcer quelqu'un de ces trois mots, *Papisme, Prétendant, France* ; c'est plus qu'il n'en faut pour nous faire

oublier nos intérêts les plus essentiels.

(*a*) Il faut que la passion soit bien
forte , pour aveugler à ce point un
Corps aussi nombreux que le Parlement. Il est partagé en deux
Chambres , la Haute & la Basse.
La premiere est composée du Roi
qui y préside , ou le Chancelier en
son absence ; des fils du Roi ; des
Grands Officiers de l'Etat , qui sont
le Chancelier, le Grand Thrésorier,
& le Garde du Petit Sceau ; des
trois Officiers de la Couronne , le
Grand Chambellan d'Angleterre ,
le Grand - Maître de la Maison du
Roi , & le Chambellan de l'Hôtel ;
des Pairs du Royaume qui sont les
Ducs , Marquis , Comtes , Vicom-
tes & Barons ; de deux Archevê-

(*a*) De qui est composé le Parlement ?

Q iiij

ques, & vingt - quatre Evêques ;
Tous ces Seigneurs ont séance dans
la Chambre Haute par un droit
attaché à leur qualité. Quelques
Jurisconsultes sans avoir voix déli-
bérative, y sont aussi reçûs uniquement
ment pour donner conseil, & pour
résoudre les difficultés qui peuvent
survenir touchant l'explication des
Lois, & les Jugemens rendus dont
on peut appeller à la Chambre-
Haute. La Chambre des Communes est composée d'un Orateur qui
est le Président de la Chambre, de
quatre - vingt douze Députés des
cinquante - deux Comtés qui par-
tagent l'Angleterre, de deux Citoyens pour chacune des Villes, &
de deux Bourgeois pour chacun
des Bourgs qui ont droit de dépu-
ter au Parlement. Il n'y a point de

Jurifconfulte dans cette Chambre , parce qu'elle n'a pas droit de juger. L'autorité des deux Chambres a été fouvent ébranlée. Cromwel fupprima celle de Pairs , & chaffa honteufement du lieu de l'affem- blée les Députés de l'autre , il fit mettre au - deffus de la porte de Weftminfter , *Salle à louer.*

(*a*) Un avantage que le Monar- que Anglois ne fauroit affez efti- mer, parce qu'il ne dépend pas des caprices de la multitude, c'eft qu'il eft feul maître de convoquer , de proroger , de caffer le Parlement. De-là il arrive que le Roi confer- ve un Parlement auffi long - tems qu'il lui eft favorable, & qu'il le diffipe , lorfqu'il commence à y éprouver des contradictions. Cet-

______
(*a*) Qui eft-ce qui convoque le Parlement ?

te brillante prérogative eſt une de celles que les Anglois ont le plus envié à leur Souverain. Ils réuſſirent à en dépouiller en partie Guillaume III. Ce Prince conſentit qu'on fixât à trois ans la durée du Parlement : les détours de ſa politique le ſervirent mal en cette occaſion ; & le zele de la Reine Marie qui le ſecondoit ſi bien, n'aboutit qu'à faire éclater une de ces vertus extraordinaires dont l'Hiſtoire d'Angleterre fournit plus d'exemples que celle des autres Nations. Cette Princeſſe ſouhaita que Milord Bellamond ſon Thréſorier traverſât le projet du Parlement triennal. Ce Seigneur qui le croyoit utile au Royaume, refuſa d'entrer dans les vûes de la Cour. On ſe borna à le prier de ne pas entrer au

Parlement, & à rester neutre entre les deux Partis. Il ne goûta pas ce tempérament, & fut un de ceux qui contribuerent le plus à faire passer l'acte. La Reine lui ôta sur le champ sa Charge, & il prit sans balancer le parti qui convenoit à un homme qui avoit de la raison & du courage. Sans s'abaisser à se justifier ou à se plaindre, il réforma son train, & se condamna à une vie privée. Tant de générosité frappa les Anglois. Ceux qui étoient attachés au Prince, comme ceux qui lui étoient opposés, allerent témoigner en foule au Courtisan disgracié l'admiration qu'ils avoient pour sa vertu, & le conjurer de vouloir partager leur fortune. La Reine ramenée à la véritable grandeur par les exemples de ses sujets, lui offrit une penſion afin qu'il pût vivre ſelon ſa naiſſance : mais le Milord pouſſant l'héroïſme juſqu'où il pouvoit aller, répondit, *que ne rendant plus de ſervice, il ne croyoit pas devoir recevoir aucune récompenſe.* Croira-t-on après cela que George I. ait obtenu aſſez facilement la révocation de l'acte ſi déſiré qui fixoit à trois ans la durée du Parlement ? Ce n'eſt gueres qu'en Angleterre qu'on voit le Gouvernement ſi ſenſiblement en contradiction.

(*a*) Cette contradiction eſt peut-être encore plus ſenſible entre les termes de la convocation du Parlement & l'autorité dont il joüit. Le Roi écrit lui-même à chaque

___

(*a*) De quelle maniere le Parlement eſt convoqué ?

Seigneur fpirituel & temporel de
fe rendre à l'Affemblée pour lui
donner *Confeil*, & il fait écrire par
la Chancellerie au Vicomte de chaque Comté, & au Maire de chaque Ville & Bourg, d'envoyer au
Parlement les Députés du peuple,
pour y *confentir* à ce qui aura été
ordonné. Auffitôt que ces Lettres
de Convocation font arrivées dans
les Provinces, on y procede aux
Elections. On n'y voit que haines,
que brigues, que divifions. Les
Wigs & les Toris, les Républicains
& les Royaliftes, les amateurs de
l'indépendance & ceux du defpotifme, les Courtifans & les créatu-
res du peuple ; toutes ces différentes factions caufent un tel mouvement dans les efprits, qu'on diroit
que la Grande-Bretagne eft à cha-

que nouveau Parlement dans le tranſport d'une fievre chaude. Chaque Parti veut avoir des Députés à ſon gré, & les Partis varient chaque jour dans leurs vûes, dans leurs intérêts, dans leurs maximes; il n'eſt pas poſſible de les réduire à des claſſes régulieres, ou à des principes fixes. Ils ſe rompent en autant de branches, qu'il y a de têtes hardies pour conduire les différentes factions. Les diviſions & les ſubdiviſions parmi les Wigs & les Toris, ou comme on parle aujourd'hui, dans la corruption & dans l'oppoſition, ſe multiplient chaque jour, & forment ſouvent juſqu'à quinze & vingt claſſes différentes. Les Citoyens éclairés, ſages, vertueux, témoins de ces convulſions politiques, s'éloignent des affaires ; & des hommes riches ; ardens , ambitieux deviennent les arbitres des intérêts publics. Le peuple, qui payoit autrefois ceux qui fe·chargeoient de foûtenir fes droits, leur vend aujourd'hui fon fuffrage. Le plus opulent ou le plus prodigue eft fûr d'être élû. Il eft vrai qu'après s'être ruiné pour entrer au Parlement , on veut fe faire acheter cherement par la Cour. Les Députés mirent leur complaifance à un fi haut prix fous le Regne de Guillaume III. que ce Prince leur dit un jour : *Meffieurs ,. je vous ferai obligé , fi vous voulez réduire vos diverfes demandes à une , afin que je puiffe voir fi le Royaume entier pourroit vous fatisfaire.*

(*a*) Aussitôt que le Parlement s'est formé à Westminster, & que tous les membres qui le composent sont assemblés dans un même endroit, le Roi s'y rend revêtu des habits Royaux, suivi des Princes de son Sang & des Grands Officiers de l'Etat & de la Couronne : s'étant assis sur son Throne, il fait l'ouverture du Parlement par un discours qu'il prononce lui-même, ou qu'il fait prononcer par son Chancelier sur les affaires sur lesquelles la Nation a été convoquée. Ensuite le Roi sort, & n'est plus obligé de se rendre qu'à la dernie-re Séance, pour confirmer ce qui aura été arrêté. Avant qu'on délibere sur aucune affaire, il faut prê-

(*a*) Quel est l'ordre qui s'observe dans le Parlement ?

ter

ter trois fermens : celui d'*Allégean-*
ce , par lequel on condamne l'opinion de quiconque admet une puiffance fupérieure à la Royale , de
quelque nature qu'elle puiffe être :
celui de *Suprémacie*, par lequel on
reconnoît le Roi Chef de l'Eglife
de la Grande-Bretagne : celui du
Teft , par lequel on abjure la Doc-
trine de la tranfubftantiation , de
l'invocation des Saints , & de la
Meffe. Enfuite les deux Chambres
déliberent féparément. Ce qui a
été conclu dans l'une, eft commu-
niqué à l'autre par les Députés
qu'elles s'envoyent. Si la délibération eft approuvée par les deux
Chambres , elles expriment leur
approbation en ces termes : *les Sei-*
gneurs , les Communes ont affenti.
S'il arrive que les deux Chambres

Partie II.   R

foient de différens fentimens, **la Chambre Baffe** fe rend dans la Chambre Haute pour conférer avec les Seigneurs ; ou bien les deux Chambres nomment des Députés qui s'affemblent dans la Chambre *Peinte*. Mais foit que la Chambre Baffe traite avec les Seigneurs par elle même, ou par fes Députés, c'eft toûjours avec de grandes marques de refpect de la part des Communes. Elles font debout, tête nue, tout le tems que durent les Conférences, & les Seigneurs font affis & couverts. Si les deux Chambres ne peuvent s'accorder, la délibération eft nulle. Leur confentement, quand même il feroit unanime, ne fuffit pas fans celui du Roi. Pendant que les deux Chambres traitent des affaires temporelles , le Clergé affemblé dans le lieu marqué par le Roi , traite féparément de la difcipline , des mœurs, de la foi ; fes Réglemens, quelque fages , quelque néceffaires qu'ils puiffent être , reçoivent toute leur force de l'approbation, de l'autorité du Parlement. Depuis que les Anglois fe font écartés du centre de l'unité , leur Religion n'eft que politique. Ainfi un Membre des Communes propofant dans une occafion d'armer les lois pour réprimer quelque grand défordre , il lui fut répondu par un homme fage, *que le meilleur de tous les remedes contre la licence publique , feroit un Bill qui ordonneroit de croire en Dieu.*

(*a*) Tels font les hommes qui

(*a*) Quelles affaires on traite dans le Parlement.

R ij

font la deſtinée de l'Angleterre. Il
ne leur étoit permis autrefois de
s'occuper que des choſes pour leſ-
quelles le Roi leur déclaroit qu'ils
étoient aſſemblés. Cela eſt ſi vrai
que la Reine Eliſabeth fit mettre à
la Tour un Député des Communes pour avoir ſeulement oſé lui
donner un conſeil ſur une affaire
qui n'étoit pas du reſſort du Parlement. Maintenant chaque Membre
peut propoſer ce qu'il lui plaît ſur
toutes ſortes d'affaires pourvû qu'il
attende pour parler que l'Orateur
lui ouvre la bouche : alors au lieu
d'opiner ſur ce qu'on a propoſé, il
peut demander qu'on ſtatue aupa-
ravant ſur ce qu'il a à dire, ce qui
arrive preſque à toutes les Séances.
D'ailleurs l'Orateur eſt obligé de
mettre en délibération tout ce qui

fui eſt propoſé par un Membre de la Chambre, à moins que la propoſition ne fut de nature à être regardée comme crime d'Etat & contraire à la lettre de la Loi.

C'étoit autrefois l'uſage de faire ſavoir d'avance aux Provinces les cauſes de la convocation des Parlemens. Pendant que cette ſage coûtume s'eſt obſervée, la Cour ne pouvoit pas ſe rendre maîtreſſe de cette Aſſemblée, parce que les Députés étoient forcés d'opiner conformément aux vûes & aux ordres de ceux qui les députoient. Depuis que les Rois ſe ſont mis inſenſiblement au-deſſus de cette obligation ſi gênante, le peuple qui ignore ſur quoi on delibérera dans le Parlement, eſt obligé de donner à ceux qui le repréſentent un pouvoir illimité. La plûpart en abufent pour leurs intérêts. A peine font-ils affemblés, que les liaifons fe forment, que les brigues commencent, les cabales fe heurtent; ceux qui occupent les premieres places dans le Gouvernement, travaillent à corrompre avec de l'argent, avec des charges, & les graces dont ils difpofent, les Membres du Parlement dont ils ont befoin. Car, comme difoit Guillaume III. *Si un Roi d'Angleterre avoit affez d'emplois confidérables à donner à tous ceux qui y afpirent, les noms de Wigh & de Tory feroient bientôt abolis.*

Alors ceux qui ont été négligés & qui font dans le parti oppofé à la Cour, fe réuniffent pour déclamer avec violence contre ceux qui fe font laiffés féduire. Ils favent bien que leurs invectives ne rameneront perfonne au devoir, mais ils fatisfont leur reffentiment, ou acquierent le titre flateur de défenfeurs de la liberté publique. Ils dirigent leurs derniers efforts contre les Miniftres les plus puiffans dont ils attaquent violemment la conduite. Le célebre Walpole eft celui qu'ils ont le moins ménagé dans les derniers tems. Il étoit affez philofophe ou affez ambitieux pour fuivre toûjours fes vûes ; auffi difoit-on, *qu'il reffembloit à la Toifon de Gedeon qui reçoit & fuce la rofée du foleil, tandis que tout ce qui eft autour de lui eft à fec.*

(*a*) Pour donner de la dignité, ou infpirer du zele aux Membres des

(*a*) Du pouvoir & des priviléges des deux Chambres du Parlement.

deux Chambres , on les fait joüir d'un privilége auſſi utile qu'honorable. Il n'eſt pas permis de les empriſonner ni leurs domeſtiques , pour dettes pendant la durée actuelle des Seſſions. Ce droit eſt commun à tous ceux qui entrent dans le Parlement : mais les deux Chambres ont chacune leurs avantages particuliers. Les Pairs , ſurtout les Evêques , n'ont pas dans la Nation le crédit qu'ils devroient naturellement y avoir, parce qu'ils tiennent tous ou preſque tous à la Cour par les graces qu'ils en ont reçûes ou qu'ils en eſperent. Les Communes paſſent. pour les défenſeurs des priviléges de la Nation , & joüiſſent de la conſidération qu'avoient autrefois les Seigneurs.

La Chambre Haute a le pouvoir
de juger en dernier reſſort, & de
réformer tous les jugemens qu'on
prétend avoir été mal rendus. La
Chambre Baſſe n'a de juriſdiction
que ſur ſes propres Membres; encore ne peut-elle rien ordonner de
plus fort que l'amende ou la priſon.

Les premiers n'ont que le pouvoir d'approuver ou de rejetter les
Bills qui leur ſont préſentés touchant les impoſitions, ſans pouvoir
y faire, ni même propoſer aucun
changement. Les derniers, comme
repréſentant le peuple, ſe ſont at-
tribué le droit de propoſer, d'accorder des ſubſides au Roi, ou de
lui en refuſer.

Le Prince peut augmenter le
nombre des Pairs dans le Parlement, & on a vû la Reine Anne

en créer jusqu'à douze à la fois ; mais dès qu'une fois la Pairie a été conférée à une maison, on ne l'en peut dépouiller que pour un crime qui l'en rende indigne, & par une condamnation judiciaire. Le nombre des Députés des Communes eſt fixe, & le Roi ou le peuple ne peuvent ni le diminuer ni l'augmenter.

Enfin les Seigneurs ont le droit de donner leur voix par Procureur dans le Parlement, pourvû qu'ils aient obtenu du Roi la permiſſion, qui n'eſt jamais refuſée, de s'en abſenter. Les Députés des Communes, ſans joüir du droit de ſuffrage durant leur abſence, s'abſentent ſouvent. De cinq cens cinquante-huit Députés qu'il devroit y avoir dans la Chambre, il eſt rare d'y en

voir deux cens, ce qui rend les brigues plus faciles. Un Wigh difoit
un jour à un autre Wigh , que s'il
fe fût trouvé ce matin à l'Affemblée , le Parti auroit emporté une
affaire de conféquence. *De combien
de voix avons-nous perdu*, demanda
froidement l'abfent ? *D'une feule* ,
répondit le plaignant : *Hé bien* , re-
partit le premier ; *fi je me fuffe trouvé à la Chambre , nous l'aurions perdue de quatre , parce qu'il y auroit eu
de plus quatre Députés Torys que j'ai
retenus exprès au cabaret pendant toute la matinée.*

Fin de la feconde Partie.

TABLE
DES MATIERES

De la seconde Partie du Parlement
d'Angleterre.

II. Partie.   *a*

C

D

E

F

G

H

M

Son

S

II. Partie. b

T

W

Fin de la seconde Partie.

ERRATA.

Page 19, ligne 3 : ôta, *lisez* ôtat.
Page 29, ligne 3 : qui la portée, *lisez*, qui la porta.
Page 32, ligne 5 : fieg, *lisez*, fiége.

9 782329 369990